Mein inneres Wissen

(Buch II)

Mich selbst erkennen und meine Welt verstehen

Buch für Lernende

*(German language edition of
My Guide Inside Intermediate Learner Book II)*

Christa Campsall
und
Jane Tucker

Übersetzt von
Antonietta D'Angelo

myguideinside.com

CCB Publishing
Britisch-Kolumbien, Kanada

Mein inneres Wissen Buch für Lernende (Buch II)

Urheberrecht © 2018, 2022 von Christa Campsall – http://www.myguideinside.com
My Guide Inside® ist ein eingetragenes Warenzeichen von Christa Campsall
(3 Principles Ed Talks)
ISBN-13   978-1-77143-529-1
Erste Ausgabe

Library and Archives Canada Cataloguing in Publication
Title: Mein inneres wissen buch für lernende (buch II) / von Christa Campsall
und Jane Tucker, übersetzt von Antonietta D'Angelo.
Names: Campsall, Christa, 1954-, author.
Issued in print and electronic formats.
ISBN 9781771435291 (softcover) | ISBN 9781771435307 (PDF)
Additional cataloguing data available from Library and Archives Canada

Mit Einverständnis zur Verwendung der deutschen Übersetzung von Antonietta D'Angelo
Verfasst mit: Jane Tucker
Konzeptionelle Entwicklung: Barbara Aust und Kathy Marshall Emerson
Gestaltung: Josephine Aucoin
Produktion: Tom Tucker
Beiträge: Dr. William Pettit
Webmaster: Michael Campsall

Die Autorin hat extreme Sorgfalt auf die Sicherstellung verwendet, dass alle Informationen in diesem Buch wahrheitsgetreu wiedergegeben wurden und zum Zeitpunkt ihrer Veröffentlichung auf dem neuesten Stand sind. Weder die Autorin noch der Verleger können für etwaige Fehler oder Versäumnisse haftbar gemacht werden. Ebenso wird keine Haftung für jegliche Schäden übernommen, die durch einen Gebrauch der Informationen aus dieser Publikation entstanden sind.

Alle Rechte vorbehalten. Kein Teil des Werkes darf in irgendeiner Form – grafisch, elektronisch oder mechanisch – ohne schriftliche Genehmigung der Autorinnen reproduziert oder unter Verwendung elektronischer Systeme verarbeitet, vervielfältigt oder verbreitet werden; ausgenommen sind Rezensenten, die kurze Passagen zitieren dürfen. Jeder Antrag auf Fotokopie, Aufnahme oder Speicherung in Informationssystemen für irgendeinen Teil dieses Werkes ist schriftlich an die Autorinnen zu richten unter **myguideinside.com**

Warum eine Eule?
Im Laufe der Lino als Klassenlehrerin hat Christa verschiedene Eulengeschenke erhalten. Sie liebt sie als Symbole für die Weisheit, die wir alle teilen. Schon in der Antike und im Laufe der Geschichte haben verschiedene Kulturen die Eule als mit Weisheit und Führung verbunden gesehen. Die großen, runden Augen der Eule symbolisieren sehendes Wissen. Obwohl sie manchmal mit anderen Ideen in Verbindung gebracht wird, wurde die Eule wegen dieser Verbindung zu Weisheit, Führung und sehendem Wissen als grafisches Symbol für My Guide Inside gewählt. Christa und Jane hoffen, dass diese Interpretation auch für Sie von Bedeutung ist.

Verlag: CCB Publishing
           Britisch-Kolumbien, Kanada
           www.ccbpublishing.com

Inhaltsangabe

Was Kinder sagen ... iv

Anerkennung und Danksagung ... iv

Kapitel 1 Mein inneres Wissen entdecken ... 1

Kapitel 2 Das wunderbarste Geschenk ... 9

Kapitel 3 Geben und Nehmen ... 17

Kapitel 4 Reiten auf der Welle ... 25

Kapitel 5 Freundschaft ist so gut wie Gold ... 35

Kapitel 6 Welchen Unterschied eine Einsicht macht! ... 45

Kapitel 7 Die Räder des Lernens drehen sich weiter ... 53

Kapitel 8 Du bist ein Wunder ... 59

Kapitel 9 Kraft-Wörter ... 65

Anmerkungsende für Mein inneres Wissen ... 68

Überblick ... 69

Über die Autorinnen und was Lehrer sagen ... 71

Was Kinder über die Entdeckung der inneren Weisheit sagen...

- "Ich konnte mir das Problem nicht erklären. Also habe ich es weggelegt und dann ist es mir eingefallen. Wenn du einen ruhigen Geist hast, kannst du es lösen. Mit einem ruhigen Geist gibt es mehr Raum zum Denken."

- "Dieser Kurs hat mir geholfen…mich nicht verrückt machen zu lassen und anderen Menschen nicht die Möglichkeit zu bieten, meinen Tag zu verderben."

- "Dein gesunder Menschenverstand leitet dich. Der gesunde Menschenverstand unterbricht deine negativen Gedanken. Er hilft dir, weiterzukommen und macht es einfacher."

- "Ich habe gelernt, dass man sich manchmal besserfühlt, wenn man die Gedanken aufhellt. Es half mir zu wissen, dass ich mich beruhigen kann, wenn ich wütend werde."

- "Ein Vorteil des Optimismus ist, dass du die Dinge tun kannst, die du tun möchtest, weil du weißt, dass du es kannst."

- "Lass es gehen; lass es nicht wachsen!"

- "Fast jede einzelne Idee oder Tatsache, die ich in diesem Kurs gelernt habe, hat mir schon geholfen und wird mir (weiterhin) helfen."

Anerkennung und Danksagung

Die Autorinnen dieses Buches kannten einen freundlichen kanadischen Mann mit einem weichen schottischen Akzent und einem Zwilling im Auge, namens Sydney Banks. Er entdeckte drei Prinzipien: Geist (Weisheit), Bewusstsein (Bewusstheit) und Denken (kreatives Werkzeug), die für alle Menschen gelten und die uns allen helfen können, ein glückliches, erfolgreiches Leben zu führen.

Er lehrte uns, dass innere Weisheit und Glück in jedem Menschen stecken. Herr Banks hatte große Hoffnung. Er wusste, dass wir die "Freuden des Lebens" miteinander teilen können. Er wusste, dass die Welt ein "weit, weit besserer Ort" sein würde, wenn die Menschen lernten, die innere Weisheit in sich und anderen zu sehen. In diesem Buch wird die innere Weisheit üblicherweise als **mein inneres Wissen bezeichnet**!

Kapitel 1 Mein inneres Wissen entdecken

Komm mit!
1. Lass uns dein inneres Wissen entdecken. Du wirst ein schöneres Leben haben!
2. Dein inneres Wissen ist immer verfügbar. Schau, was passiert, wenn du es wahrnimmst.
3. Du wirst deine eigenen Worte haben, um dein inneres Wissen zu entdecken. Es ist die natürliche innere Weisheit.
4. Jeder Mensch hat einen gesunden Kern an natürlicher innerer Weisheit.

Du wirst auf eine Lernreise eingeladen, die dich zu deiner eigenen inneren Weisheit führt.

Du wirst lernen zuzuhören und auf dein inneres Wissen zu hören, um zu lernen, dir bei deinen Entscheidungen zu helfen.

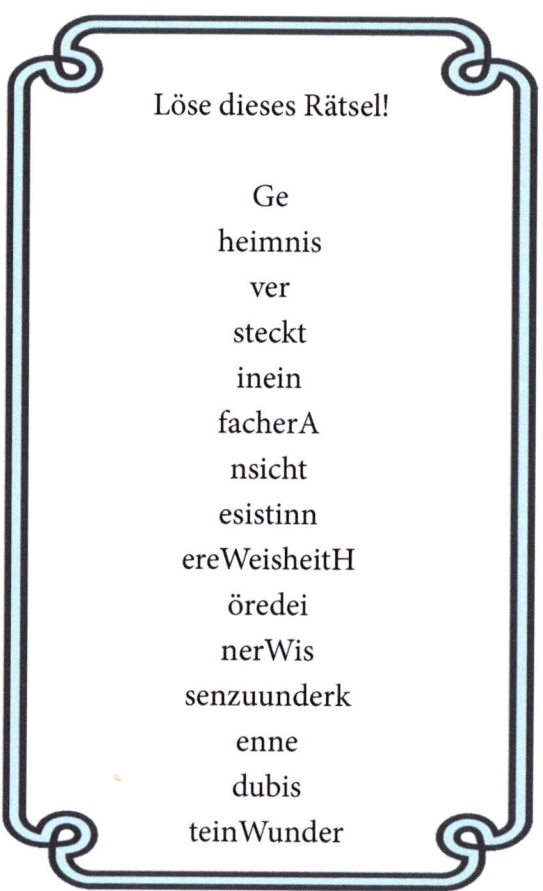

Löse dieses Rätsel!

Ge
heimnis
ver
steckt
inein
facherA
nsicht
esistinn
ereWeisheitH
öredei
nerWis
senzuunderk
enne
dubis
teinWunder

Lass uns dein inneres Wissen entdecken.
Es ist nicht versteckt, aber es lohnt sich sicher, es zu finden.

Kannst du dich an eine Zeit erinnern, in der du dich glücklich und sicher gefühlt hast?
Fühlst du dich jetzt gerade so?
Du kannst es, du weißt es!

Es ist ganz einfach!

Bringe das Geplapper zum Schweigen und höre auf die innere Stimme, dein inneres Wissen. Wenn du zum Beispiel eine Schneekugel schüttelst, siehst du den Schnee, aber nicht die Szene. Wenn du aufhörst, sie zu schütteln, setzt sich der Schnee und du kannst die Szene klar sehen. Wenn du deinen Geist zur Ruhe kommen lässt, kannst du das Leben klar sehen. Wenn dein Geist klar ist, ist er ruhig. "Ein ruhiger Geist hört die innere Stimme." (1)

Mein inneres Wissen ist manchmal verborgen, bis du das Geheimnis kennst! Das Geheimnis ist, dass mein inneres Wissen immer da ist, 24-7-365.

Mein inneres Wissen hat viele verschiedene Namen an vielen verschiedenen Orten. Welchen Namen magst du?

-Mein inneres Wissen
-Weisheit
-intuitiver Verstand
-innere Sonne
-gesunder Menschenverstand
-leise Stimme
-innere Stimme
-gesunder Kern
oder… denke dir ein paar Worte aus!

Was denkst du? Lass uns darüber reden…
Zeige Respekt, teile mit anderen und behalte das große Bild im Blick:

Dein Leitfaden im Inneren ist mächtiges Wissen, das mit dir wächst.

So wie jeder Apfel einen Kern in sich hat, hat jeder von uns einen gesunden Kern in sich – unseren gesunden Menschenverstand oder unsere innere Weisheit. Es ist dein inneres Wissen. Es ist "mächtiges Wissen", das hilfreich ist. Deine Weisheit "wird mit dir wachsen und dich zu Wundern führen, die deine Vorstellungskraft übersteigen." (2)
Ideen darüber austauschen, was "Inneres Wissen" bedeutet.

Das Erkennen deines inneres Wissens, der natürlichen inneren Weisheit, kann deine Welt zu einem besseren Ort machen. Sie führt dich zu Liebe und Mitgefühl … "zwei magische Gefühle, die dir helfen, durchs Leben zu gehen." Liebe und Mitgefühl können bedeuten, dass du dich "um jemanden in Not kümmerst … oder es kann sein, anderen eine kleine Freude zu machen …" (3)
Was ist eine Möglichkeit, deine Welt besser zu machen?

Weisheit führt auch zu den "Freuden des Lebens".
Denke an eine Zeit, in der du etwas getan hast, das dir Spaß gemacht hat. Überlege, was du getan hast, wo du warst und mit wem du zusammen warst. Überlege, wie du dich dabei gefühlt hast.
Tausche dich mit einem Partner aus.

Wenn du das Leben genießt, fühlst du dich glücklich.
Hast du das bemerkt?

> Wir benutzen Gedanken, um Gefühle zu erzeugen! Wenn du einen glücklichen Gedanken hast, hast du auch ein glückliches Gefühl. Probiere das aus! Es funktioniert jedes Mal. Kein Raten erforderlich. Es ist logisch.

Manchmal scheint mein inneres Wissen von Wolken verdeckt zu sein!
Ich fühle mich nicht glücklich und sicher, stattdessen fühle ich mich unsicher.
Ein wolkiger Gedanke verursacht ein negatives Gefühl:
"Niemand mag mich", und ich fühle Sorge.
"Ich verstehe das nie", und ich fühle Angst.
"Das ist immer zu schwer", und ich fühle Wut.

Was ist ein weiterer wolkiger Gedanke?
Hast du jemals die weißen, flauschigen Wolken beobachtet? Sie bewegen sich, nicht wahr?
Zu jeder Zeit kannst du einen Gedanken vorbeiziehen lassen. Das ist wie eine Wolke, die vor der Sonne am Himmel vorbeizieht. Sobald der wolkige Gedanke vorbeigezogen ist, "kommt an seiner Stelle ein schönerer Gedanke, nach dem du handelst." (4)

Üben ist dein Freund!

Wenn du zum ersten Mal mit dem Fahrrad fährst, kann es sein, dass du ein bisschen wackelig bist, und es erfordert Mut, es erneut zu versuchen. Wenn du genug übst, wirst du dein Gleichgewicht finden und ... du vergisst nie, wie!

Wenn du das erste Mal einen wolkigen Gedanken zulässt, wirst du vielleicht ein bisschen wackelig und es braucht Mut, um es noch einmal zu versuchen. Wenn du der inneren Weisheit vertraust; wirst du dein Gleichgewicht finden und ... du vergisst nie, wie!

"... Wenn du deinen Geist frei von negativen Gedanken halten kannst, wird ein solcher Zustand dein Herz mit den Freuden des Lebens erfüllen und dich durch das Leben leiten." (5)

Jetzt weißt du!
- So wie jeder Apfel einen Kern im Inneren hat, hat jeder von uns einen gesunden Kern aus gesundem Menschenverstand und Weisheit, genannt "mein inneres Wissen."
- Dein inneres Wissen ist mächtiges Wissen, auch Weisheit genannt.
  Es wächst mit dir.
  Es bringt dir Liebe und Mitgefühl.
  Es leitet dich zu den "Freuden des Lebens."
- Ein wolkiger Gedanke zieht vorbei, so wie die Wolken an der Sonne am Himmel vorbeiziehen.
- "…wenn du deinen Geist frei von negativen Gedanken halten kannst, wird ein solcher Zustand dein Herz mit den Freuden des Lebens füllen und dich durch das Leben leiten." (5)

Lerne Kraft-Wörter!
- bewusst - wissen; sehen, was ist
- Einsicht - hilfreiche neue Erkenntnis
- Gedanke - Kraft, eine Idee entstehen zu lassen
- Gefühle – Sinn
- Geist - innerlich
- Gesunder Menschenverstand - deine Kraft, weise, gute Entscheidungen zu treffen
- Inneres - innerhalb, in sich selbst
- logisch - ist vernünftig
- Mein inneres Wissen - gesunder Menschenverstand, Einsicht, Weisheit
- Mitgefühl - Fürsorge
- Quelle - wo etwas entsteht oder herkommt
- Sicher - gutfühlen, wohlfühlen, entspannt sein
- Weisheit - gesunder Menschenverstand, mein inneres Wissen, Einsicht
- Wissen - Verständnis

Reflektieren und einen Tagebucheintrag schreiben…
Benutze "ich". Teile deine Gedanken und Gefühle mit.
Zeige Einsichten und Verbindungen auf.

Verwende zwei der oben genannten Kraftwörter in einem Tagebucheintrag über die große Bildidee:

Mein inneres Wissen oder Weisheit ist "mächtiges Wissen."
Weisheit "wird mit dir wachsen und dich leiten."

Aktivitäten für dich ...

Schreibe deine Gendanken auf...
Hinweis! Zeige, dass du tiefgründig denkst, füge Details hinzu und sei klar.

Denke an eine Zeit, in der du etwas getan hast, das dir Spaß gemacht hat. Das kann etwas Aktives sein, wie ein Spiel spielen, singen oder tanzen. Es kann aber auch etwas Ruhiges sein, wie malen, lesen oder mit deinem Haustier zusammen sein. Denke darüber nach, was du getan hast. Denke daran, wo du warst und mit wem du zusammen warst. Denke daran, wie du dich gefühlt hast. Schreib jetzt darüber!

Ein Kunstwerk erschaffen...
Hinweis! Sei originell; zeige Geist; nutze den Raum; verwende Farbe, Schattierungen oder Tinte.

Denke an eine Zeit, in der du dich glücklich gefühlt hast. Es kann die Zeit sein, über die du gerade geschrieben hast, oder eine andere Zeit. Es spielt keine Rolle, was du getan hast, solange du dich glücklich gefühlt hast. Zeichne und male ein Bild von dieser glücklichen Zeit. Gib dem Bild einen Titel.

Erstelle ein Wandbild...
Hinweis! Sei klar, genau und ordentlich; nutze den Raum; mach es bunt.

Erstelle mit einem Partner oder einer Gruppe ein Wandbild, das du ausstellen kannst. Verwende "Mein inneres Wissen" oder einen ähnlichen Namen für die Mitte des Wandbildes und verziere den Rand.

Habe Spaß!
Schüttle eine Schneekugel! Während du zuschaust und der Schnee sich setzt, kannst du die Szene deutlich sehen. Das Gleiche gilt für jeden von uns. Wenn du deinen Geist beruhigst, kannst du das Leben klar sehen.

Komm mit!

Entdecke deine Gabe des Denkens. Du wirst wissen, was du wählen musst!

1. Du kannst einen nicht hilfreichen Gedanken wie eine heiße Kartoffel fallen lassen und nur auf die hilfreichen Gedanken reagieren.
2. Es ist ganz natürlich, auf Gedanken zu reagieren, die glückliche und sichere Gefühle hervorrufen.
3. Du hast diesen gesunden Menschenverstand schon oft benutzt, um kluge Entscheidungen zu treffen.

> Ich gebe dir ein Rätsel auf!
> Dies ist eine Gabe, mit der jeder von uns geboren wird.
> Das ist etwas, das wir die ganze Zeit benutzen, sag nicht „es ist nichts"!
> Wir benutzen es, wenn wir schlafen.
> Wir benutzen es, wenn wir wach sind.
> Wir benutzen es, wenn wir in der Schule oder zu Hause sind.
> Wenn wir allein sind, benutzen wir sie.
> Was ist das?

Das ist richtig! Gedanken!

"Gedanken sind ein Geschenk." (6)

Das Denken ist die Art und Weise, wie jeder von uns Ideen kennt.

> Jeder von uns hat die "Gabe der Gedanken", die wir nach Belieben einsetzen können.
> Stell dir das vor!
> Der Mensch kann sich mit seinen Gedanken alles ausdenken!
> Mein inneres Wissen hilft mir zu entscheiden. Ich wähle, welchen Gedanken ich verwende.

Es ist ganz natürlich, dass wir auf Gedanken reagieren, die uns glücklich und sicher machen.

Gedanken erzeugen Gefühle. Versuche es einmal.
Denke einen glücklichen Gedanken… er erzeugt ein glückliches Gefühl.
Denke einen ängstlichen Gedanken… er erzeugt ein ängstliches Gefühl.

Jans Geschichte
Erstelle Bilder in deinem Kopf!

Ben hat einen kleinen Bruder, Jan, und der hat ein Problem. Es gibt Monster, die unter seinem Bett leben. Wenn Jan nachts versucht einzuschlafen, kann er die Monster hören. Sie sind unter seinem Bett und warten nur darauf, herauszuspringen und ihn zu holen. Die Monster machen ihm Angst!

Jede Nacht springt Jan vom Lichtschalter zum Bett. Er weiß, dass er sicher ist, solange ihm die Decke bis zum Hals reicht. Wenn ein Arm oder ein Bein herausrutscht, ist er in großen Schwierigkeiten. Dann können die Monster angreifen! Jan verspürt nachts Angst. Er bleibt wach und fragt sich, wann die Monster ihn holen werden. Jan sieht sogar schon krank aus, weil er nicht schläft.

Ben hat Mitleid mit seinem kleinen Bruder und versucht, ihm zu helfen. Er sagt ihm, dass die Monster nur eine Einbildung sind. Es gibt keine Monster unter seinem Bett! Er hebt die Decke hoch, damit er darunter schauen kann. Doch das hilft nicht. Jan weiß, dass die Monster unsichtbar werden können, damit sie nicht gefunden werden. Ben sagt auch: "Hey, Jan, du kannst einen Gedanken wie eine heiße Kartoffel fallen lassen! Du kannst dir aussuchen, welchen Gedanken du benutzen willst."

Jede Nacht denkt Jan an die Monster und hat Angst. Dann, eines Nachts, erinnert er sich daran, dass er dachte, ein Drache stünde vor seinem Fenster. Er wusste, dass er ihn gesehen hatte! Als er aus dem Bett sprang, um die Fensterläden zu schließen, sah er, dass es kein Drache war. Es war der Schatten einer Katze und die Äste eines Baumes. Es sah nur wie ein Drache aus. Vielleicht hatte Ben recht. Vielleicht hatte er nur seine eigenen Gedanken benutzt, um sich selbst zu erschrecken.

Jan lachte, und "Schwupp" war der Gedanke an ein Monster weg! Er versuchte sogar, ihn zurückzubringen, um sich selbst zu erschrecken, aber er konnte es nicht. Es war vorbei! Ben kam zurück ins Zimmer, als er Jan lachen hörte. Jan sagte, er fühle sich, als sei er ein Angsthase! Ben lachte und sagte: "Das ist schon in Ordnung! Wir alle fühlen uns manchmal so! Wie Papa sagt: "Du hast immer die Chance, deine Meinung zu ändern." Jan war froh, das zu hören. Statt Angst zu haben, fühlte er sich zuversichtlich und schlief schnell ein.

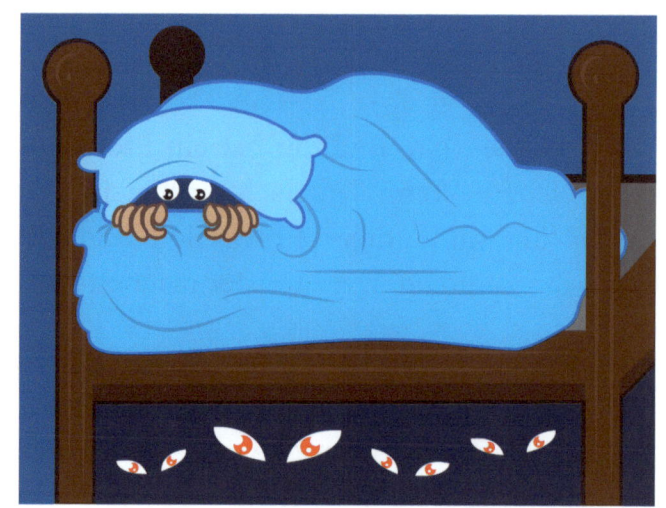

Was denkst du? Lass uns darüber reden…
Zeige Respekt, teile mit anderen und behalte das große Bild im Blick:

Du hast die Gabe der Gedanken, die du nach Belieben einsetzen kannst. Stell dir das vor.

Inwiefern ähnelt diese Geschichte etwas, das du kennst?
Beende diese Satzanfänge und tausche sie mit einem Partner aus:
Früher habe ich geglaubt…
Aber jetzt verstehe ich…

Es ist ganz natürlich, dass man über Ideen hinauswächst. So wie man früher glaubte, dass manche Dinge real sind, und jetzt versteht, dass sie nur in den Köpfen waren.
Es ist gesunder Menschenverstand, dass es nur eine Illusion war. Manchmal taucht ein Gedanke in deinem Kopf auf, der nicht hilfreich ist. Lass dich nicht von deinem eigenen Denken täuschen.
Jans beängstigende Gedanken führten zu beängstigenden Gefühlen.
Er änderte seine Meinung und fühlte dann das Gegenteil: Er fühlte sich zuversichtlich!

Lasst uns heute den Tag der Gegensätze feiern!
Jeder Tag kann ein Tag der Gegensätze sein…

Wähle einen aus und lass uns darüber sprechen. Du kannst
dich positiv fühlen,
was das Gegenteil von negativ ist. Du kannst dich in Frieden
fühlen, anstatt wütend zu sein.
~ruhig, statt besorgt~
~zuversichtlich, statt ängstlich~
~glücklich, statt unglücklich~
~respektvoll, statt ablehnen~
~zufrieden, statt unruhig~
~sicher, statt unsicher~
~hoffnungsvoll, nicht hoffnungslos~
Anstatt sich gemein zu fühlen, kannst du freundlich fühlen.
Es ist leicht, einen anderen Tag zu haben,
wenn man nur seine Meinung ändert…

> Der Gedanke ist ein Geschenk, den du nach Belieben nutzen kannst. Handle nach den guten Gedanken,
> und du wirst nichts zu verlieren haben!

Jan weiß…

- Jeder von uns hat die Gabe des Denkens, die wir nach belieben einsetzen können. Stell dir das vor!
- Das Denken ist die Art und Weise, wie jeder von uns Ideen kennt.
- Gedanken erzeugen Gefühle.
- "Du hast immer die Möglichkeit, deine Meinung zu ändern."
- Es ist gesunder Menschenverstand, zu erkennen, welche Gedanken nur vorgetäuscht sind.
- Du kannst einen Gedanken fallen lassen wie eine heiße Kartoffel!
- Handle nach den guten Gedanken.

…Jetzt weißt du es auch!

Lerne Kraft-Wörter!

- Gesunder Menschenverstand - deine Kraft, weise, gute Entscheidungen zu treffen
- glauben - als wahr akzeptieren
- Illusion - eine Schöpfung in deinem Kopf, Phantasie
- negativ - nicht hilfreich oder nützlich
- positiv - gut und nützlich
- respekt - als würdig ansehen
- verstehen - wissen
- vorgetäuscht - getrickst
- zufrieden - glücklich
- zuversichtlich - positiv, selbstsicher

Reflektiere und schreibe einen Tagebucheintrag…

Verwende das Wort "ich". Teile deine Gedanken und Gefühle mit. Zeige Einsicht und Verbundenheit.

Verwende zwei der oben genannten Kraftworte in deinem Tagebucheintrag über die große Bildidee:

Du hast die Gabe der Gedanken, die du nach Belieben einsetzen kannst. Stell dir das vor!

Aktivitäten für dich

Schreibe deine Gedanken auf…
Hinweis! Zeige, dass du tiefgründig denkst, füge Details hinzu und sei klar.

Beschreibe etwas, das du dir ausgedacht hast. Verwende die Satzanfänge:
Früher habe ich geglaubt…
Aber jetzt verstehe ich…

Ein Kunstwerk schaffen…
Hinweis! Sei originell; zeige Geist; nutze den Raum; verwende Farbe, Schattierungen oder Tinte.

Falte das Papier in der Hälfte und zeichne einen „Gegensätzlichen Tag". Stelle eine Hälfte als negativ und die andere Hälfte als positiv dar.

Beispiel: Zeichne jemanden, der böse aussieht, und zeichne jemanden, der freundlich aussieht.

Zeichne oder male auch Dinge als Gegensätze in deine Bilder. Zum Beispiel: ein Bild: der Mond, das andere Bild: die Sonne; ein Bild: eine Winterszene, das andere eine Sommerszene; ein Bild: eine große Person, das andere eine kleine Person. Füge deine eigenen Ideen hinzu!

Habe Spaß!
Benutze Spielknete, um ein Tier zu machen. Welche Ideen hast du für dein Tier? Sind deine Ideen im Vergleich zu denen der anderen in der Gruppe einzigartig? Zeige, dass du die Gabe des Denkens nutzen kannst, um jede Idee zu kreieren!

**Kapitel 3
Geben
und
Nehmen**

Komm mit!

Nimm eine neue Einsicht wahr. Du wirst die Möglichkeit haben, dich ruhig und fürsorglich zu fühlen.
1. Deine Weisheit hilft dir, einen beunruhigenden Gedanken loszulassen.
2. Beobachte was passiert, wenn dir ein besserer Gedanke in den Sinn kommt.
3. Wenn wir auf die Weisheit hören, geschieht Fürsorglickeit und Teilen ganz natürlich.

Sofias Geschichte

Mit ganzem Herzen zuhören zeugt von Respekt für den Geschichtenerzähler. Du, der Zuhörer, bist der wichtige Bewahrer der Geschichte. Lasst uns zuhören!

Als Sofia ein kleines Mädchen war, sah sie, wie glücklich ihre Freundinnen waren, wenn sie ihre Großmütter besuchen durften. Eines Tages fragte Sofia ihre Mutter, ob sie die Tante ihrer Mutter als Großmutter haben könne. Sofia hatte keine Großmutter, und sie konnte die Liebe der Tante ihrer Mutter spüren.

Sofias Mutter schlug ihr vor, die Tante zu fragen, ob sie das möchte. Die Tante wohnte in der Nähe. Sofia lief los, um die Tante zu fragen, ob sie ihre Oma sein wollte. Sofia war glücklich, als sie ja sagte!

Jedes Mal, wenn Sofia ihre Oma sah, freute sie sich so sehr, zu ihr zu laufen und mit ihr zu reden. Sie konnte mit Oma über alles reden und fühlte sich immer willkommen.

Sofia sagte ihrer Mutter: "Wenn man mit einer älteren Person spricht, lernt man mehr. Sie teilt mit mir, was sie über die Natur gelernt hat. Oma sieht, wie alles miteinander verbunden ist - und ich meine wirklich alles! Sie nimmt sich die Zeit, sich mit mir zusammenzusetzen, wenn ich besorgte oder wütende Gedanken habe. Sie lehrt mich, dass Gedanken eine spirituelle Gabe sind und dass ich wählen kann, welchen Gedanken ich verwende. Ich muss nicht auf alle reagieren!"

"Das ist wie eine Gabe des Verstehens, Sofia!", sagte ihre Mutter. Sie konnte sehen, wie die Zeit mit ihrer Großmutter Sofia half, sich glücklich zu fühlen. Sie sah es an Sofias Lächeln und ihren leuchtenden Augen.

In der Schule hat Sofia ein Bild für ihre Großmutter gemalt. Sie hatte am Wochenende ihren 75. Geburtstag, und Sofia wollte ihr etwas Besonderes schenken. Sie malte Oma, wie sie auf der Verandaschaukel saß und in den Himmel schaute, als die Sonne gerade unterging. Sofia hatte sie schon oft auf diese Weise sitzen sehen. Sofia war stolz auf ihr Bild. Es sah wirklich wie ihre Großmutter aus, und die Farben des Himmels waren so leuchtend.

Dann stieß ihre Klassenkameradin gegen die Tasse mit den Pinseln und das Wasser ruinierte ihr Bild! Sofia war wütend. Am Ende des Schultages ging sie traurig nach Hause und machte sich Sorgen, dass sie kein Geschenk hätte. Sofias Vater hörte sich ihre Geschichte an. Er sagte: "Warum gehst du nicht zu deiner Großmutter und erzählst ihr davon? Ich bin sicher, sie wird es verstehen. Du könntest ihr auch ein paar Blumen aus dem Garten mitbringen."

Sofia musste zugeben, dass es eine gute Idee war. Sie ging mit ihrem kleinen Strauß Gänseblümchen die Straße hinunter und sah Oma auf ihrer Veranda sitzen und in den späten Nachmittagshimmel schauen. Normalerweise freute sich Sofia, wenn sie Oma auf ihrer Veranda schaukeln sah, aber diesmal erinnerte es sie nur an ihr kaputtes Bild, und sie fühlte sich noch schlechter.

Großmutter lächelte, als Sofia sich ihr näherte. "Hallo", sagte sie herzlich. "Was für schöne Blumen! Hast du sie für mich gepflückt?"

Sofia nickte und reichte ihr die Gänseblümchen, ohne sie anzuschauen. "Vielen Dank", sagte die Großmutter. "Was ist denn heute los?"

"Ich wollte dir ein Geschenk machen. Ich habe ein wunderschönes Bild gemalt, auf dem du in die vielen Farben des Sonnenuntergangs schaust. Dann ist Wasser darüber geschüttet worden und alle Farben sind zusammengelaufen. Es ist ruiniert!", antwortete Sofia, und sie fühlte sich wieder traurig, als sie es sagte.

Großmutter tätschelte die Verandaschaukel und lud Sofia ein, sich neben sie zu setzen. "Wie schön, dass du ein Bild von mir gemacht hast. So ein besonderes Geschenk werde ich nie vergessen."

"Aber es ist ruiniert!", wiederholte Sofia.

Großmutter sagte mitfühlend: "Du hast mir davon erzählt, und ich kann es in meinem Kopf sehen. Ich weiß, dass du eine Vision für ein anderes Bild haben kannst."

"Was ist eine Vision Oma?", fragte Sofia.

"Weißt du noch, wie du darüber nachgedacht hast, mich und den Sonnenuntergang zu malen, und du hattest ein Gefühl dabei, und dann kam dir ein Bild in den Sinn? Das ist es, was eine Vision ist. Es ist ein Bild, das dir in den Sinn kommt", sagte Oma.

Sofia saß still da, lauschte der Natur und beobachtete die Vögel, die hoch am Himmel kreisten. Die Sonne schien hinter den Wolken hervor. Sofia erkannte, dass ihre guten Gefühle wie die Sonne waren, manchmal wurden sie von einem Gedanken der Sorge getrübt. So wie eine Wolke vorbeizieht, wird auch ein Gedanke der Sorge vorbeiziehen! Sie wusste, dass es immer eine Chance gibt, wieder zur Ruhe zu kommen.

Sie fühlte sich geliebt, als sie bei ihrer Großmutter saß. Von diesen Besuchen ging sie immer mit einem besseren Verständnis nach Hause.

Die Großmutter umarmte Sofia sanft. "Deine Besuche geben mir so viel, meine Liebe. Ich liebe es, wenn du mich besuchst."

Sofias Augen funkelten. "Das tue ich auch, Oma. Wir geben und empfangen beide, und das macht einen Kreislauf aus, nicht wahr?"

"Das stimmt, Sofia, es ist ein Kreis", antwortete die Großmutter. Sie freute sich, dass ihre Enkelin so viel über das Leben lernte und wusste, dass es Sofia helfen würde, ihre Welt zu verstehen.

In diesem Moment hatte Sofia eine Vision für ein neues Bild. Sie würde Oma und die Menschen, die sie liebte, in einem Kreis malen, mit der Sonne im Hintergrund. Sie sprang auf, drehte sich um, umarmte ihre Großmutter und küsste sie auf die Wange. "Ich muss los, Oma! Mir ist gerade etwas eingefallen, was ich noch machen möchte. Tschüss! Hab' dich lieb."

"Tschüss! Ich hab' dich auch lieb!"

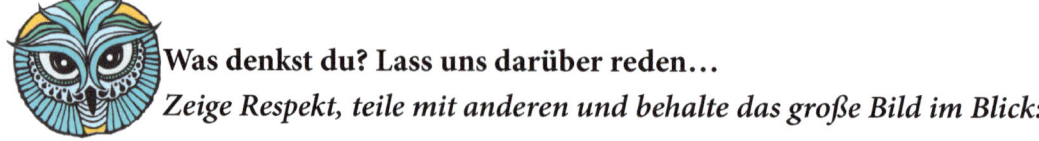 **Was denkst du? Lass uns darüber reden…**
Zeige Respekt, teile mit anderen und behalte das große Bild im Blick:

Geben und Nehmen bilden einen Kreislauf.

Inwiefern ist diese Geschichte mit etwas vergleichbar, das du kennst?
Diese Geschichte zeigt den Wert des Teilens. Was wird in dieser Geschichte geteilt?

"So wie eine Wolke vorbeizieht, so wird auch ein Gedanke der Sorge vorbeiziehen! Sie wusste, dass es immer eine Chance gibt, wieder zur Ruhe zu kommen." Denke an eine Zeit, in der du dies in deinem Leben bemerkt hast.

 **Sofia weiß…**
- Vielleicht hast du manchmal Gedanken der Sorge. Andere Menschen können dich zu deinen ruhigen Gefühlen führen, so wie Sofias Großmutter ihr geholfen hat.
- Du kannst dir selbst helfen, so wie Sofia, als sie die Einsicht hatte, dass ihre guten Gefühle wie die Sonne sind.
- Es gibt immer eine Chance, sich wieder ruhig zu fühlen.
- Lass die alten Gedanken los und sei offen für neue.
- Einsichten sind hilfreich, um uns selbst zu erkennen und unsere Welt zu verstehen.
- Geben und Nehmen bilden einen Kreis.

…Jetzt weißt du es auch!

Lerne Kraft-Wörter!
- ❂ Einsicht - Weisheit, neues Verständnis, hilfreiche neue Idee
- ❂ Respekt - als würdig ansehen
- ❂ ruhig – still
- ❂ Sorge - Unruhe, sich ängstlich fühlen
- ❂ spirituelle Gabe - inneres Geschenk
- ❂ Vision - Idee; ein Bild, das in den Sinn kommt

Denke nach und schreibe einen Tagebucheintrag...
Verwende "ich." Teile deine Gedanken und Gefühle mit. Zeige Einsicht und Verbindungen.

Verwende zwei der oben genannten Kraftwörter in deinem Tagebucheintrag über die große Bildidee:

Geben und Nehmen bilden einen Kreislau.

Aktivitäten für dich

Erzähle eine Geschichte...
Sei bereit; mach mit; achte auf einen Anfang, eine Mitte und ein Ende; zeige Vertrauen.

Erzähle die Geschichte einem Partner nach. Eine Person kann den Anfang und einen Teil der Mitte erzählen, die andere Person kann einen Teil der Mitte und das Ende erzählen.
Wenn du möchtest, teile die Geschichte auf eine andere Art und Weise. Hört euch gegenseitig zu; hört euch neue Ideen an.

Erschaffe Kunst zum Teilen...
Sei originell; zeige Geist; nutze den Raum; verwende Farbe, Schattierung oder Tinte.

Fertige ein Bild, ein Lesezeichen, eine Skulptur oder ein anderes Geschenk an, das du mit jemandem in deiner Familie oder Gemeinschaft teilen möchtest. Wie hast du dich bei der Herstellung des Geschenks gefühlt?

Hab Spaß!
Lege dem Geschenk eine Grußkarte bei und habe Spaß beim Überreichen des Überraschungsgeschenks.

Wie hat sich die Person gefühlt, als sie dein Geschenk erhalten hat?

Kapitel 4
Die Welle reiten

Komm mit!
Zu viel Denken kann den inneres Wissen überdecken. Gefühle lassen uns wissen!
1. Du kannst dir deiner Gefühle natürlich bewusst sein.
2. Es ist leicht zu bemerken, wenn sich die Gefühle verändern.
3. Lerne "Huli die Schale!", damit hilfreiche Gedanken Wohlbefinden erzeugen können.

Lucas Geschichte*
Was weißt du bereits über die Hawaii Inseln?

Luca wurde auf der Insel Maui in Hawaii geboren. Seine ersten Schritte machte er draußen in der warmen Sonne, auf dem weichen Gras im Garten seiner Familie. Er war ein fröhliches, lachendes Baby, das immer bereit war, zu entdecken, zu lernen und herumzuklettern. Er liebte es, mit seiner Familie an den Strand zu gehen, im Sand zu spielen und in die schäumenden Wellen zu rennen, wenn sie ans Ufer schlugen. Sein junges Leben war voll von schönen Gefühlen und Freude.

Luca hatte einen Bruder, David, der ein paar Jahre älter war. Sie spielten die ganze Zeit zusammen, und Luca schaute wirklich zu David auf. Manchmal, wenn er mit David spielte, verstand Luca die Regeln nicht oder machte Fehler. David wurde dann ungeduldig und sagte zu seinem kleinen Bruder: "Nein, du Idiot!" Das passierte so oft, dass Luca David zu glauben begann, er sei nicht sehr schlau. Das Spielen machte immer weniger Spaß, weil er Angst hatte, Fehler zu machen. Seine schönen Gefühle begannen überschattet zu werden.

Luca fing an, wütend zu werden, wenn er Fehler machte, und seine Tante sagte ihm: "Du solltest besser auf dein Temperament aufpassen." Er hörte, wie sie mit seiner Mutter sprach und sagte: "Luca hat ein schlechtes Temperament. Ich fürchte, das bringt ihn in Schwierigkeiten." Luca glaubte, was er hörte, und nun trug er den Gedanken mit sich herum, dass er schlecht gelaunt war und deswegen Ärger bekommen würde. Jedes Mal, wenn er wütend wurde, dachte er, dass das einfach so sein musste, weil er so schlecht gelaunt war. Er hielt seine schlechte Laune für eine Tatsache, und obwohl er versuchte, sie zu kontrollieren, hatte er oft das Gefühl, dass er nicht anders konnte.

In der Schule stand der Gedanke "Ich bin nicht so schlau" Luca beim Lernen im Weg. Wie Wolken, die die Sonne verdecken, verdeckten sie seine innere Weisheit. Er sorgte sich so sehr darum, Fehler zu machen, dass er nicht hörte, was der Lehrer sagte. Wenn er versuchte zu lesen, war sein Geist zu sehr damit beschäftigt, sich auf die Buchstaben und Wörter zu konzentrieren.

Luca war oft wütend auf seine Klassenkameraden und tat so, als ob er schlecht gelaunt wäre, weil er das für wahr hielt. Er hatte nicht viele Freunde, weil er so wütend war. Er war auch wütend auf sich selbst, weil er sein Temperament nicht unter Kontrolle hatte und weil er keine guten Noten bekam.

Inzwischen waren Lucas schöne Gefühle der Freude die meiste Zeit überdeckt. Die einzige Zeit, in der er sich glücklich und frei fühlte, war am Strand, wenn er im Meer schwamm und auf den Wellen zum Ufer ritt. Sein Onkel hatte ihm gezeigt, wie man surft, und ihm beigebracht, seinen Geist von allen ängstlichen Gedanken zu befreien und "eins" mit der Welle zu werden. Das war die einzige Möglichkeit, auf einem Surfbrett oben zu bleiben. Natürlich fällt jeder einmal hin, und Lucas Onkel sorgte dafür, dass sein Neffe das verstand. "Es ist keine Schande, wenn man hinfällt", lachte er. "Jeder fällt einmal hin. Du stehst einfach wieder auf und nimmst die nächste Welle. Vergiss die letzte Welle!"

An einem Samstag, nach einem wunderbaren Nachmittag beim Surfen mit seinem Onkel, sagte Luca: "Ich wünschte, wir könnten einfach am Strand leben und den ganzen Tag surfen, jeden Tag. Ich hasse die Schule. Ich bin zu dumm, um etwas zu lernen, und ich habe eine schreckliche Laune."

"Was!" Die Augen seines Onkels weiteten sich. "Du - dumm? Das gibt's doch nicht. Du bist ein schlauer Surfer. Du beobachtest die Wellen und weißt, welche du erwischen und welche du vorbeilassen musst. Du könntest nicht so surfen, wenn du nicht schlau wärst. Und "schreckliches Temperament"? Wer hat dir das gesagt? Ich habe noch nie gesehen, dass du wütend wirst, selbst wenn du in den Wellen umkippst und alles durcheinander wirbelst."

Luca traute seinen Ohren nicht. Hielt sein Onkel ihn wirklich für klug? Und wenn Luca darüber nachdachte, wurde ihm klar, dass er nie wütend wurde, wenn er surfte. Er genoss einfach, was er tat, und es war ihm egal, ob er hinfiel oder Fehler machte.

"Aber Onkel, die Schule ist so anders als das Surfen", sagte Luca traurig.
"In der Schule bin ich nicht klug."

"Blödsinn!", sagte sein Onkel. "Die gleiche Intelligenz, die dir beim Surfen hilft, kann dir auch bei deinen Schularbeiten helfen. Es ist in dir drin, die ganze Zeit."

"Nun, es fühlt sich nicht so an. In der Schule werde ich so wütend, weil ich nie

Mein inneres Wissen® (Lernbuch II)

die richtigen Antworten habe. Alle denken, ich sei dumm."

"Solche Gedanken sind es, die dich vom Lernen abhalten", sagte sein Onkel, reichte Luca die Hand und zerzauste sein Haar. "Ich will dir eine Geschichte erzählen. Meine Großmutter hat sie mir erzählt, als ich noch ein kleiner Junge war. Sie hat sie von ihren eigenen Großeltern gehört, als sie noch klein war. Sie handelt von etwas Starkem und Kraftvollem in jedem neuen Baby, das auf die Welt kommt. So hat es meine Großmutter erklärt:

Jedes Kind wird mit einer Schale aus Licht in sich selbst geboren. Diese Schale des Lichts kann niemals vergehen. Sie ist voll von Aloha (Liebe) und Weisheit und Schönheit. Wenn sie leuchtet, fühlt man sich gut und weiß, was zu tun ist. Wenn Kinder älter werden, fangen sie an, zu viel über sich selbst nachzudenken. Sie fangen vielleicht an zu denken, sie seien nicht so gut wie andere, oder dass sie nicht klug sind, oder dass sie zu klein sind oder zu groß, oder dass niemand sie mag. Nun, jeder hat hin und wieder einen solchen Gedanken, und wenn du klug bist, lässt du diese Art von Gedanken einfach vorbeiziehen - wie wenn du weißt, dass eine Welle nicht gut zum Surfen ist, also lässt du sie vorbeiziehen und wartest auf eine gute Welle. Verstehst du, was ich meine?"

Luca nickte.

"Gut. Nun, wenn du nicht von diesen negativen Gedanken befreist, sondern an ihnen festhältst, ist es, als würdest du große Steine in deine Lichtschale legen. Was glaubst du, was mit dem Licht passiert, wenn du genug Steine in die Schale legst?" Luca schwieg eine Minute lang, dann sagte er: "Es wird alles zugedeckt."

"Genau!", lächelte sein Onkel. "Wenn du nun das Licht wieder leuchten sehen willst, was sollst du dann tun? Sollst du jeden Stein nehmen, ihn in deinen Händen drehen und wenden, ihn betrachten und versuchen, dich daran zu erinnern, woher du ihn hast ... oder sollst du einfach die Schale huli (umdrehen)?" Er machte eine Bewegung mit seinen Händen, als ob er eine Schale umdrehen und alles ausschütten würde. "Dreh die Schale um!", schrie Luca.

"Ja, mein Junge. Dreh die Schale um. Vergiss all die Glaubenssätze, die dir das Gefühl geben, weniger zu sein als du bist, und lass dein Licht leuchten." Die Worte seines Onkels, die so voller Wärme und Aloha waren, halfen Luca, sich besserzufühlen. Er spürte, wie die "Schale des Lichts" in ihm heller wurde, und er lächelte. Es gab ihm Hoffnung, dass sich die Dinge ändern könnten.

Als Luca am Montag sein Klassenzimmer betrat, hatte er das gleiche schlechte Gefühl wie immer. Er dachte daran, wie schwer die Arbeit sein würde, und dass er wieder alle falschen Antworten geben würde. Diesmal erinnerte er sich jedoch daran, was sein Onkel gesagt hatte, dass man eine Welle vorbeiziehen lassen soll, wenn sie nicht gut ist. Er wusste, dass er genau in diesem Moment die Chance hatte, sich zu ändern, und er fand den Mut, diese Chance zu ergreifen. Anstatt darüber nachzudenken, wie schwer die Arbeit sein würde, ließ er seinen Geist zur Ruhe kommen und erinnerte sich an die Schale mit dem Licht in seinem Inneren. In dem Moment, in dem er das tat, wurde er von einem wunderbaren Gefühl erfüllt. Plötzlich wusste er, dass er lernen konnte.

Dieser Morgen war der beste Morgen, den Luca je in der Schule erlebt hatte. Er war so ruhig, dass er hören konnte, was der Lehrer sagte, und er hob sogar die Hand, um Fragen zu beantworten. Wenn er Schwierigkeiten mit einer Matheaufgabe hatte, hob er wieder die Hand und wartete geduldig, bis die Lehrerin zu ihm kommen konnte, anstatt wütend zu werden oder aufzugeben. Während sie ihm Fragen stellte, entdeckte er, wie er die Aufgabe lösen konnte.

In der Pause spielte Luca mit einigen Mitschülern Kickball, und als er "raus" musste, wurde er überhaupt nicht wütend. Er war so voller Aloha und Freundlichkeit, dass er die Gefühle der anderen nicht verletzen wollte. Seine Klassenkameraden waren überrascht, wie nett er war, und sie wurden noch netter zu ihm.

Der Rest des Tages verlief genauso gut. Luca hatte etwas sehr Wertvolles gefunden, das ihm für den Rest seines Lebens helfen würde. Von da an verstand er, dass in seinem Inneren ein spirituelles Licht voller Liebe, Intelligenz, Weisheit und Schönheit leuchtete, ganz gleich, was irgendjemand sagte und welche falschen Gedanken ihm in den Kopf kamen.

Wann immer er schlecht gelaunt, entmutigt oder wütend war, wusste er, dass es nur seine Gedanken waren, die diese Gefühle hervorriefen, und dass er tief in seinem Inneren hatte eine bessere Antwort. Wenn er bereit war, konnte er die Schale aushöhlen, die grauen Steine ausschütten und sein Licht leuchten lassen.

---

*Die "Schale des vollkommenen Lichts" ist eine sehr alte hawaiianische Lehre, die seit Generationen von den "kupuna" (Großeltern oder Ältesten) an die Kinder weitergegeben wird, um ihnen zu einem glücklichen Leben zu verhelfen. Sie wird in dem Buch "Tales from the Rainbow" von Koko Willis und Pali Jae Lee auf den Seiten 18-19 beschrieben.

Was denkst du? Lass uns darüber reden…
Zeige Respekt, teile mit anderen und behalte das große Bild im Blick:

Jedes Kind wird mit einer "Schale aus Licht" geboren, die mit Liebe und Weisheit gefüllt ist.

Inwiefern ist diese Geschichte mit etwas vergleichbar, das du kennst?
Beschreibe, wie du einen wütenden oder besorgten Gedanken hast und ihn vorbeiziehen lässt.

"Ich bin dumm." "Niemand mag mich." "Ich verstehe nichts." Hast du jemals jemanden so etwas sagen hören? Welche Wahl hat die Person?
Wie kannst du deine "Lichtschale" wieder zum Scheinen bringen?

Luca weiß…
- Jedes Kind ist mit einer "Lichtschale" voll von Liebe und Weisheit geboren worden.
- Wenn du einen Gedanken der Angst, der Sorge oder des Ärgers hast, kannst du Mut zeigen.
- Du kannst deinen Geist frei machen, indem du einen Gedanken wie eine Welle vorbeiziehen lässt.
- Denk daran, dass du fähig bist die "Schale umzudrehen!"
- Dies führt zu Handlungen, mit denen du zufrieden sein wirst…Erfolg!

…Nun weißt du es auch!

Lerne Kraft-wörter!
- aloha - love (Aloha ist ein hawaiianisches Wort)
- bewusst - im Jetzt; sehen, was ist
- Freude - Glück
- geduldig - ruhig, entspannt
- Huli - Schale umdrehen (Huli ist ein hawaiianisches Wort)
- Mut - Kraft
- Temperament - Gemütszustand
- überschattet - verdeckt

Denke nach und schreibe einen Tagebucheintrag…
Verwende "ich". Teile deine Gedanken und Gefühle mit. Zeige Einsicht und Verbindungen.

Verwende zwei der oben genannten Kraftwörter in deinem Tagebucheintrag über die große Bildidee:

Jedes Kind ist mit einer "Lichtschale" voll von Liebe und Weisheit geboren worden.

Aktivitäten für dich

Schreibe deine Gedanken auf…
Hinweis! Zeige, dass du tiefgründig denkst, füge Details hinzu und sei klar.

Schreibe mit einem Partner eine neue Geschichte, in der jemand etwas über die "Schale des Lichts" erfährt. Entscheide, wer in deiner Geschichte etwas über die "Schale des Lichts" erfahren soll. Mach die Geschichte zu deiner eigenen. Gestalte den Schauplatz im Hier und Jetzt, in deiner Welt, und verändere sie.

Die Geschichte nacherzählen…
Sei bereit; mache mit; achte auf einen logischen Anfang, eine Mitte und ein Ende; zeige Vertrauen.

Übe mit deinem Partner, die Geschichte nachzuerzählen. Eine Person kann den Anfang und einen Teil der Mitte erzählen, die andere Person kann einen Teil der Mitte und das Ende erzählen. Oder teile die Erzählung der Geschichte auf eine andere Weise auf. Erzähle die Geschichte vor einem Publikum.

Schaffe ein Kunstwerk…
Sei originell; zeige Geist; nutze den Raum; verwende Farbe, Schattierungen oder Tinte.

Zeichne deine eigene "Schale des Lichts."

Mehr Kunst schaffen…
Sei originell; zeige Geist; sei einzigartig, zeige Design in der Form.

Forme deine eigene "Schale des Lichts" aus Ton. Vergiss die "Steine" nicht.

Hab Spaß!
Schau durch ein Kaleidoskop. Drehe das Kaleidoskop und achte darauf, wie sich das, was du siehst, verändert. Das Gleiche gilt für uns. Wenn du dich erst fühlst, sieht die Welt gefährlich aus. Drehe das Kaleidoskop. Wenn du besorgte Gedanken hast, fühlt sich die Welt unsicher an und sieht unsicher aus. Drehe das Kaleidoskop erneut. Wenn du dich glücklich fühlst, sieht die Welt wie ein schöner Ort aus. Jeder von uns hat seine eigene Welt, die er mit seinen eigenen Augen sieht!

Woher kommen deine Gefühle? Aus dem Kaleidoskop deiner eigenen Gedanken. Wenn du einen neuen Gedanken bemerkst, ändert sich das Gefühl. So können uns Einsichten - hilfreiche Gedanken, die uns aus heiterem Himmel von unserer Weisheit in den Kopf geschossen kommen – weiterhelfen!

**Kapitel 5
Freundschaft ist so gut wie Gold!**

Komm mit!

Zu wissen, wann man "stoppen, warten, gehen" muss, macht einen großen Unterschied.
1. Freunde nutzen ihr inneres Wissen, um gemeinsam Entscheidungen zu treffen.
2. Freunde, die aus ruhigem Denken heraus handeln, zeigen Verständnis und Freundlichkeit.
3. Freunde wissen, dass sie ihre Meinung ändern können.

Signal-Geschichte
Mache Bilder in deinem Kopf!

Marko saß in der Klasse und las, als ein Bleistift von seinem Schreibtisch auf den Boden rollte. Lino, der neben ihm saß, hob den Bleistift auf und legte ihn auf sein eigenes Pult. Marko flüsterte Lino zu: "Das ist meiner! Gib ihn zurück."

Lino lachte nur und flüsterte: "Wer's findet, dem gehört's."

"Gib es zurück, sofort!", flüsterte Marko noch lauter. Sein Gesicht wurde heiß und er wurde langsam wütend.

Immer noch grinsend antwortete Lino: "Zwing mich!"

Marko griff nach dem Bleistift, aber Lino schnappte ihn sich und hielt ihn in die Luft, außerhalb seiner Reichweite. Marko erhob sich halb von seinem Sitz und packte Linos Arm, und in diesem Moment bemerkte ihr Klassenkamerad den Aufruhr.

"Hey, lass Linos Arm los", sagte sein Klassenkamerad.

"Er hat meinen Bleistift genommen!", rief Marko, aber er ließ Linos Arm los.

"Habe ich nicht!", sagte Lino. "Ich habe es auf dem Boden gefunden." Er legte den Bleistift zurück auf Markus' Schreibtisch. "Hier - du kannst ihn haben, du Baby."

Das machte Marko noch wütender. Er hatte das Gefühl, dass Lino bestraft werden sollte. Er warf Lino einen wütenden Blick zu und beschloss, dass er es ihm irgendwie heimzahlen würde.

Signal-Geschichte: Wiederholung
Voraussagen, wie sich der zweite Teil ändern wird.

Marko saß in der Klasse und las, als ein Bleistift von seinem Schreibtisch auf den Boden rollte. Lino, der neben ihm saß, hob den Bleistift auf und legte ihn auf sein eigenes Pult. Marko flüsterte Lino zu: "Das ist meiner! Gib ihn zurück!"

Lino lachte nur und flüsterte: "Wer's findet, dem gehört's."

Marko spürte, wie sein Gesicht heiß wurde und er begann, sich zu ärgern. Er erinnerte sich an etwas, das er in der Schule gelernt hatte - dass wütende Gefühle ein Signal sind, HALT zu machen und den Kopf frei zu bekommen. Er wandte sich von Lino ab, schaute aus dem Fenster auf den Regen, der auf das Gras fiel, und auf draußen, und er fühlte sich wieder ruhig. Er vergaß den Bleistift für den Moment - er brauchte ihn sowieso nicht - und ging zurück zu seiner Lektüre.

Lino mochte Marko eigentlich und wollte mit ihm befreundet sein. Er dachte, wenn er so tut, als würde er Markos Bleistift stehlen, würde Marko ihn für witzig halten. Als Marko ihn ignorierte und nur aus dem Fenster schaute, merkte Lino, dass er einen Fehler gemacht hatte, und legte den Bleistift zurück auf Markos Schreibtisch.

Marko war inzwischen beruhigt und lächelte Lino an, als dieser ihm den Bleistift zurückgab. Er verstand jetzt, dass Lino ihn nicht wirklich behalten wollte. Vielleicht war es die einzige Möglichkeit, die ihm einfiel, um freundlich zu sein. Marko beschloss, Lino zu fragen, ob er nach der Schule vorbeikommen wollte.

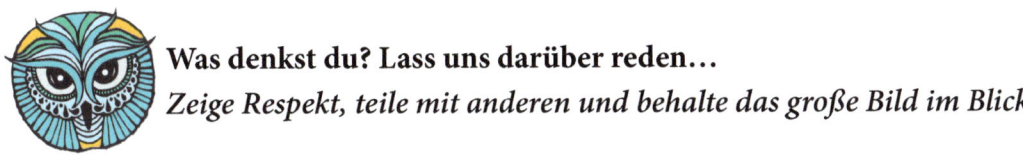 **Was denkst du? Lass uns darüber reden…**
Zeige Respekt, teile mit anderen und behalte das große Bild im Blick.

*Du kannst eine gesunde Entscheidung treffen
und eine gesunde Freundschaft aufbauen.*

Inwiefern ist diese Geschichte mit etwas vergleichbar, das du kennst?

Woran hat sich Marko bei der Wiederholung der **Signal-Geschichte** erinnert, so dass alles anders wurde?

Wenn du anfängst, dich zu ärgern, halte inne und lass deinen Geist frei werden. Die innere Weisheit zeigt dir, welche Möglichkeiten du hast, das Problem friedlich zu lösen.

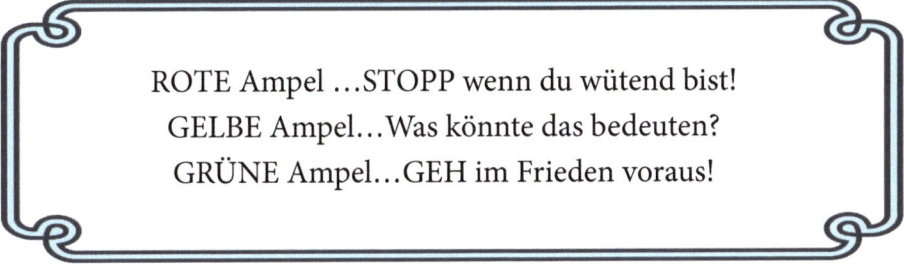

ROTE Ampel …STOPP wenn du wütend bist!
GELBE Ampel…Was könnte das bedeuten?
GRÜNE Ampel…GEH im Frieden voraus!

Denke an einen Zeitpunkt, an dem es hilfreich wäre, sich die Signale zu merken. Du kannst deine Meinung ändern und entscheiden, wie es weitergehen soll. Du entscheidest, welchen Gedanken du verwenden möchtest.
Es ist vernünftig, nach den guten Gedanken zu handeln!

Denke nach und schreibe einen Tagebucheintrag…
Verwende "ich". Teile deine Gedanken und Gefühle mit. Zeige Einsicht und Verbindungen.

Schreibe zwei gute Ideen für den Beginn einer Freundschaft auf.

Ändere deine Gedankengeschichte
Verbinde das Gelesene mit dem, was du bereits kennst!

Emily und Sofia sind beste Freundinnen. Sie sitzen zusammen beim Mittagessen und spielen zusammen auf dem Spielplatz. Eines Tages kommt in der Schule ein neues Mädchen namens Carla in die Klasse. Emily sieht, wie Sofia Carla anlächelt und freundlich zu ihr ist.

Emily beginnt sich Sorgen zu machen, dass sie ausgegrenzt wird, wenn Sofia und Carla Freundinnen werden. Sie erinnert sich daran, dass sie früher von ihren Freunden ausgegrenzt wurde, und hat Angst, dass das wieder passieren könnte.

Emily ist mit ihren Gedanken beschäftigt und fühlt sich unsicher. Als sie aufgefordert wird, etwas vorzulesen, weiß sie nicht, wo sie anfangen soll, weil sie nur über ihre Sorgen nachgedacht hat. Ihre Gedanken werden noch unruhiger.

In der Mittagspause sitzen sie und Sofia zusammen, und Carla kommt auf sie zu. Emily sagt zu Sofia: "Lass sie sich nicht zu uns setzen. Sie wird nur versuchen, sich einzumischen und uns den Spaß zu verderben." Sie legt ihren Pullover auf den leeren Stuhl und sagt zu Carla: "Du kannst hier nicht sitzen. Der ist reserviert."

Carla sieht traurig aus und geht weg. Emily lacht und sagt zu Sofia: "Findest du nicht, dass sie wie ein Baby ist?" Sofia empfindet Mitleid mit dem neuen Mädchen. Sie ist überrascht, dass Emily so gemein ist, denn normalerweise ist Emily nett und es macht Spaß, mit ihr zusammen zu sein. Dann erinnert sie sich daran, dass sie in der Schule lernt, dass Menschen, die sich verletzend verhalten, verwirrt sind in ihrem Denken.

Sofia versteht, dass Emily vielleicht ängstliche Gedanken hat und sich nicht sicher fühlt. Sie sagt: "Du und ich haben so ein Glück, dass wir Freunde sind. Das neue Mädchen ist wahrscheinlich traurig, weil sie noch niemanden kennt. Wir könnten ihr das Gefühl geben, dass sie dazu gehört."

Emily fühlt sich besser, als Sofia so freundlich zu ihr ist. Sie beginnt zu verstehen, wie sich Carla fühlen muss. An diesem Punkt hat Emily die Wahl. Sie kann an der schlimmen Erinnerung festhalten, dass sie als Kind ausgegrenzt wurde, oder sie kann sie loslassen. Sie hat den Mut, sich weise zu entscheiden, und ruft dem neuen Mädchen zu: "Hey, Carla! Der Platz ist eigentlich nicht besetzt. Komm, setz dich zu uns!"

Übrigens ... das war der Beginn einer großen Freundschaft für diese drei Mädchen.

Was denkst du? Lass uns darüber reden…
Zeige Respekt, teile mit anderen und behalte das große Bild im Blick:

Wir können gesunde Entscheidungen treffen und gesunde Freundschaften schließen und erhalten

Inwiefern ähnelt diese Geschichte einer Situation, die du kennst?
Es würde Emily helfen, das zu wissen: "Verscheuche immer die schlechten Erinnerungen aus deiner Vergangenheit, die in deinem Herzen wohnen … wenn du deinen Geist frei von negativen Gedanken halten kannst, wird ein solcher Zustand dein Herz mit den Freuden des Lebens füllen …" (7)
Sprich über eine Möglichkeit, wie dies auch dir helfen kann.

Diese Kinder wissen…

- ROTES Licht … STOPP, wenn du wütend bist!
- GELBES Licht … Was mag das bedeuten?
- GRÜNES Licht … GEH im Frieden weiter!
- Es ist leicht, gesunde Freundschaften zu schließen, wenn man sie willkommen heißt.
- Eine gesunde Freundschaft zu pflegen ist einfach, wenn man freundlich und nett ist.

…Nun weißt du es auch!

Lerne Kraft-wörter!

- erkennen - sehen, verstehen
- gesund – gut
- Signal - Zeichen
- unsicher - ungewiss
- Zugehörigkeit - ein Teil von etwas sein

Denke nach und schreibe einen Tagebucheintrag…
Verwende "ich". Teile deine Gedanken und Gefühle mit. Zeige Einsicht und Verbindungen.

Verwende zwei der oben genannten Kraft-Wörter in deinem Tagebucheintrag über die große Bildidee:

Wir können gesunde Entscheidungen treffen und gesunde Freundschaften schließen und erhalten.

Aktivitäten für dich

Teile...
Sei bereit, erzähle deine Ideen klar und deutlich, habe Vertrauen.

Was macht eine gesunde Freundschaft aus? Wie kann man eine gesunde Freundschaft erhalten?

Gestalte ein Poster...
Teile Informationen, sei farbenfroh, nutze den Raum, sei genau.

Fertige für jüngere Kinder ein Poster über den Aufbau und die Pflege gesunder Freundschaften an. Füge den Titel "Freundschaft ist das Beste" und zwei oder drei gute Ideen hinzu.

Hab Spaß!
Lerne ein aktives Spiel, das jeder in der Gruppe in einer Pause spielen kann. Spielt das Spiel gemeinsam und habt Spaß!

Komm mit!

Wisse wer und was du bist. Du hast Wohlbefinden im Inneren.
1. Vertraue dir, dass du Wohlbefinden im Inneren hast.
2. Du kannst jederzeit Unterstützung annehmen und eine gesunde Entscheidung treffen!
3. Du wirst dich wohlfühlen, wenn du deine eigenen Einsichten wahrnimmst.

Pauls Geschichte
Denke über die Veränderung in Paul nach!

Pauls Vater schenkte ihm ein Skateboard zum Geburtstag. Er eignete sich das Können an und hatte schnell den Dreh raus! Neben der Schule befand sich ein Skateboard-Park. Jeden Tag in der Pause, in der Mittagspause und nach der Schule zog Paul seinen Helm, Knie-, Ellbogen- und Handgelenkschützer an und fuhr im Park Skateboard.

Selbst die älteren Kinder waren erstaunt, wie gut Paul fahren konnte. Er glitt die gebogene Rampe hinauf, drehte sich oben in der Luft und schoss wieder hinunter, was so einfach aussah! Er liebte das Gefühl, sich so schnell zu bewegen, und wenn sich sein Brett in der Luft drehte, fühlte er sich, als würde er fliegen! Skateboard fahren war Pauls Lieblingsbeschäftigung. Manchmal gab es im Park Wettbewerbe, und Paul wurde jedes Mal Erster in seiner Altersgruppe. Einige von Pauls Schulfreunden fuhren auch Skateboard, und sie baten ihn, ihnen Tricks beizubringen. Er zeigte es ihnen gerne. "Die Kinder mögen mich wirklich, weil ich das so gut kann", dachte er.

Eines Tages kam ein neuer Junge in Pauls Klasse, der Carlos hieß, und er ging mit Paul in den Park. Carlos war kleiner als Paul. Er hatte ein buntes Skateboad. Paul lächelte und winkte ihm zu, und er winkte zurück. Bald fuhren sie beide auf den Rampen. Paul war überrascht, dass Carlos so viele Tricks konnte. Er machte sogar viele neue Sachen, die Paul noch nie gesehen hatte. Die anderen Kinder im Park hörten auf zu skaten, um Carlos zu beobachten, und Paul tat es auch.

Dann geschah etwas Seltsames. Paul wurde zittrig und übel im Magen, und er hatte keine Lust mehr, Skateboard zu fahren. Er hob sein Board auf und ging langsam aus dem Park in Richtung Zuhause.

Pauls Großvater arbeitete gerade in der Küche, als er durch das Fenster schaute und Paul kommen sah. "Schon zu Hause?" fragte er, als Paul zur Tür hereinkam.

Paul murmelte eine Antwort und ging ins Wohnzimmer.

Sein Großvater folgte ihm. Er setzte sich neben Paul auf das Sofa und sah sich mit ihm eine Weile eine Sendung an. In einer Pause wandte er sich an Paul und fragte: "Und wie war es im Park?"

Paul schwieg eine Minute lang, dann drehte er sich zu seinem Großvater um und sagte: "Opa, es gibt einen neuen Jungen in der Schule, der mit mir in den Park ging. Er ist in meiner Klasse, also in meinem Alter oder vielleicht sogar jünger, und er fährt besser Skateboard als ich!" Während er sprach, fühlte er sich verärgert und schaute schnell weg.

"Ach, das ist es also!" Großvater lachte sanft. "Wir alle sind manchmal ein bisschen wackelig auf den Beinen", sagte er. "Aber nur weil jemand ein bisschen besser Skateboard fahren kann, nimmt dir das doch nichts weg!"

"Du verstehst das nicht!", rief Paul. "Er wird jetzt alle Wettbewerbe gewinnen, und niemand wird mehr denken, dass ich etwas Besonderes bin. Ich werde keine Freunde mehr haben!"

"Paul, es gehört mehr dazu, ein Freund zu sein, als etwas gut zu können und Wettbewerbe zu gewinnen! Deine Freunde mögen dich, weil du freundlich bist, ihnen beim Skateboardfahren hilfst und sie Spaß mit dir haben! Es kommt darauf an, wer und was du im Inneren wirklich bist", sagte Großvater mitfühlend.

Paul wandte sich von Großvater ab und starrte auf die Show. Alles, woran er denken konnte, war, wie gut der neue Junge auf den Rampen war und wie alle stehen geblieben waren, um ihm zuzusehen. Paul beschloss, dass er Carlo nie wieder in den Park mitnehmen würde.

Der nächste Tag war Samstag. Paul wachte auf und dachte, dass es ein guter Tag zum Skateboarden werden würde. Doch dann fiel ihm ein, dass er beschlossen hatte, nie wieder zu skaten. Paul schaute in die Sonne, die durch sein Fenster schien. Dann schoss ihm ein weiterer Gedanke durch den Kopf. "Nur weil jemand anderes besser skaten kann, nimmt dir das nichts weg! Was zählt, ist, wer und was du im Inneren wirklich bist."

Jetzt spürte Paul, dass diese einsichtsvollen Worte wahr waren. Er fühlte sich viel besser! Paul sprang aus dem Bett, warf die Bettdecke darüber und ging hinunter, um zu frühstücken.

"Guten Morgen, Paul", sagte Großvater, der bereits am Tisch saß und Haferflocken aß. "Gehst du weg?"

"Skateboard fahren!", antwortete Paul. "Sobald ich mit dem Essen fertig bin." Großvater lächelte. In diesem Moment klopfte es an der Tür.

"Ich mache auf," sagte Großvater.

Er öffnete die Tür und sah dort Pauls Freund Tyrone und den neuen Jungen, Carlos, mit ihren Skateboards stehen. "Kann Paul raus kommen?"

"Ich bin gleich da!", rief Paul ihnen zu. Er beendete das Frühstück, schnappte sich sein Board und seine Sicherheitsausrüstung und ging zur Tür hinaus. "Bis später, Opa … und danke!"

"Gern geschehen, Junge!", gluckste Großvater. "Viel Spaß!"

 **Was denkst du? Lass uns darüber reden…**
Zeige Respekt, teile mit anderen und behalte das große Bild im Blicke:

Was zählt ist, wer und was du im Inneren bist.

Inwiefern ist diese Geschichte mit etwas vergleichbar, das du kennst?

Was für einen Unterschied ein Tag macht! Manchmal verändert eine gute Nachtruhe die Sichtweise auf die Dinge. Wenn man den Kopf frei bekommt, hilft einem eine Einsicht, gute Entscheidungen zu treffen.

Paul weiß…

Was zählt ist, wer und was man im Inneren ist! Jeder kann sich Wissen aneignen, ohne dass es uns etwas wegnimmt. Eine Einsicht hilft uns, gute Entscheidungen zu treffen.

…Nun weißt du es auch!

Lerne Kraft-wörter!
- einsichtvoll - weise, aufschlussreich
- mitfühlend - fürsorglich
- zittrig - ängstlich

Denke nach und schreibe einen Tagebucheintrag…
Verwende "ich". Teile deine Gedanken und Gefühle mit. Zeige Einsicht und Verbindungen.
Verwende zwei der oben genannten Kraft-Wörter in deinem Tagebucheintrag über die große Bildidee:

Was zählt ist,
wer und was du im Inneren bist.

Aktivitäten für dich

Schreibe deine Gedanken auf…
Hinweis: Zeige, dass du tiefgründig denkst, füge Details hinzu und sei klar.

Lese über eine Tätigkeit oder Fähigkeit, die du gerne lernen würdest. Vielleicht ist es eine Tätigkeit oder Fähigkeit, die du gerade lernst. Schreibe auf, was nötig ist, um dies zu lernen und wirklich Fachwissen zu erwerben. Was macht dir Spaß beim Lernen?

Schaffe ein Kunstwerk…
Sei originell; zeige deinen Geist; nutze den Raum;
verwende Farbe, Schattierung oder Tinte.

Sieh dir Bilder zu der Aktivität oder Fähigkeit an, über die du oben geschrieben hast. Erstelle ein Bild dazu und gib dem Bild einen Titel.

Hab Spaß!
Lerne, wie man das Katzenwiegenspiel perfekt spielt oder lerne ein anderes Spiel, lerne es gut und lehre jemanden, wie man es spielt.

Du weißt, wer du im Inneren bist, das ist, was zählt; dann ist es einfach, Spaß zu haben, während du lernst und Wissen erwirbst!

Kapitel 7
Die Räder des Lernens drehen sich weiter

Komm mit!

Lerne deinen Geisteszustand zu erkennen. Erkenne ihn an dem Gefühl, in dem du dich befindest.

1. Wenn du deine Aufmerksamkeit fokussierst, wirst du dir der Veränderungen in deinen Gefühlen bewusst.
2. Das bedeutet, dass du ganz natürlich auf dein inneres Wissen hörst.
3. Hilfreiche Einsichten verbessern deine Gefühle und ihre natürliche Motivation.

Sandras Geschichte
Sage voraus, worum es in der Geschichte geht!

Es war einmal ein Mädchen namens Sandra, das das Leben liebte. Für sie war die Welt ein Spielplatz, der nur darauf wartete, entdeckt zu werden. Im Sommer sang und spielte sie am liebsten den ganzen Tag. Sie schaute zu den Wolken hinauf und stellte sich Dinge vor. Es machte ihr Spaß, beim Spielen nach Mustern in der Natur zu suchen.

Sandra fand es toll, dass es so viel zu lernen gab, und sie lernte sogar, schwierige Probleme zu lösen. Ihre Räder des Lernens drehten sich wirklich! Das Leben war leicht für sie! Sie fühlte Freude in ihrem Leben, wenn sie mit ihren Freunden lernte, aber auch wenn sie alleine lernte.

Sandra kannte Leute, die ihr etwas über das Leben beibringen wollten. Sie hatten alle sehr unterschiedliche Vorstellungen. Ihr Cousin war ernsthaft, und er dachte, das sei der einzige Weg. Er sagte Sandra, sie solle sich zusammenreißen und ihre Arbeit ernst nehmen. Sandras Schwester machte sich oft Sorgen, dass ihr "die Zeit davonläuft." Als Sandra hörte, wie ihre Schwester sich sorgte, begann sie zu glauben, dass dies der richtige Weg sei. Ihr Bruder sagte: "Denk an dich selbst. Stell dich selbst an die erste Stelle!" Ihre Freunde sagten: "Denke so! Handle so!"

Als Sandra zu glauben begann, was ihr alle erzählten, wurde sie ernst. Sie begann sich zu sorgen. Sie begann, nur noch an sich selbst zu denken. Sie ertappte sich dabei, wie sie nachdachte, nachdachte, nachdachte. Sie spürte, wie sich der Lernprozess verlangsamte. Sie begann sich zu fragen: "Mache ich das richtig?" Sie fühlte sich unglücklich.

Eines Tages war Sandra mit ihrer Mutter draußen und spielte mit ihrem kleinen Bruder, der im Babybecken war. Sandra hielt das Gummi-Entchen unter das Wasser und ließ es dann los. Das Baby begann zu kichern, als das Gummientchen immer wieder im Wasser auftauchte.

Plötzlich war Sandra wieder von glücklichen Gefühlen erfüllt. Mit der

Rückkehr dieser Gefühle hatte Sandra eine Erkenntnis: Glückliche Gefühle können jederzeit auftauchen.

Sie sagte: "Mama, mir ist gerade klar geworden, dass ich glücklich sein kann. So wie das Gummi-Entchen immer wieder auftaucht, taucht auch mein Glück immer wieder auf!"

Sandra schaute ihrer Mutter in die freundlichen Augen, als diese sagte: "Ja, schöne Gefühle stecken in jedem von uns. Wenn man seinen eigenen gesunden Menschenverstand einsetzt, fühlt man sich gut. Wenn man so viel auf andere hört, kann man verwirrt werden. Dann ist es am besten, den Kopf frei zu bekommen." Ihre Mutter sang eine kleine Melodie: "Mein inneres Wissen hilft mir bei der Entscheidung! Sooooo … Nur wenn es nützlich ist, werde ich diesen Gedanken am Leben lassen!" und tanzte im Kreis. Jetzt kicherten sowohl das Baby als auch Sandra!

Sandra ließ ihren Gedanken freien Lauf und war einfach still. Sie blickte auf die Wolken und dann auf ihren lachenden kleinen Bruder. Sie hatte wieder einmal glückliche Gefühle. Sie freute sich, dass sich ihr Lernrad weiterdrehte!

Sandra war dem Leben gegenüber dankbar. Sie verstand, dass sie auf ihren gesunden Menschenverstand vertrauen konnte. Sandra pfiff eine fröhliche Melodie und sang dann: "Mein inneres Wissen hilft mir zu entscheiden! Sooooo … Nur wenn es nützlich ist, werde ich diesen Gedanken am Leben lassen!"

Was denkst du? Lass uns darüber reden...
Zeige Respekt, teile mit anderen und behalte das große Bild im Blick:

"Manchmal waren es nur ihre Gedanken, die sie unglücklich machten, und wenn sie es verstehen könnte, würde es ihr helfen, sich gutzufühlen." (8)

Inwiefern ist diese Geschichte mit etwas vergleichbar, das du kennst?

Denke an eine Zeit, in der du gemerkt hast, dass sich die Räder des Lernens wirklich drehen.

Sandra weiß...
- manchmal sind es nur deine Gedanken, die dich unglücklich machen.
- mein inneres Wissen hilft mir bei der Entscheidung!
- Wenn du verwirrt bist, ist es am besten, den Kopf frei zu bekommen.
- Das Glück ist in jedem von uns und taucht immer wieder auf.
- Vertraue auf deinen gesunden Menschenverstand.
- Lernen ist leichter, wenn man Freude am Leben hat.

...Nun weißt du es auch!

Lerne Kraft-wörter!
- ❂ Dankbarkeit - dankbar fühlen
- ❂ Entscheidung - eine Wahl
- ❂ ernsthaft - seriös, streng
- ❂ verwirrt - nicht klar

Denke nach und schreibe einen Tagebucheintrag...
Verwende das Wort "ich". Teile deine Gedanken und Gefühle mit. Zeige Einsicht und Verbundenheit.

Verwende zwei der oben genannten Kraft-Wörter in deinem Tagebucheintrag über die große Bildidee:

"Manchmal waren es nur ihre Gedanken, die sie unglücklich machten, und wenn sie es verstehen könnte, würde es ihr helfen, sich gutzufühlen." (8)

Aktivitäten für dich

Schreibe ein Gedicht…
Zeige Gedankenfülle, sei organisiert, verwende eine farbenfrohe Sprache, erzeuge eine Stimmung.

Schreibe ein Gedicht zum Thema "Gedanke". Ideen-Beispiele:

- Gedanke ist ein Geschenk…
- Gedanke ist wie ein Samen…
- Ein Gedanke allein hat kein Eigenleben…
- Du entscheidst, welchen Gedanken du wählst…
- Handle nach den guten Gedanken…

Veröffentliche dein Gedicht und verziere den Rahmen. Stell es aus, damit andere sich daran erfreuen können.

Trage ein Gedicht vor…
Sei vorbereitet, sei genau, spreche deutlich und sei selbstbewusst.

Lerne dein Gedicht auswendig und trage es einer Gruppe vor.

Gestalte ein Kunstwerk...
Sei originell, zeige Geist, nutze den Raum.

Fertige ein Bild an, das das von dir verfasste Gedicht illustriert. Gib dem Bild denselben Titel wie dem Gedicht.

Hab Spaß!
Blas einen Öko-Luftballon auf, binde ihn nicht zu und lass dann die Luft heraus! Die Luft quiekt, zischt und verpufft?

Inwiefern entspricht das deinem Denken.

Wenn du deinen Fokus wegnimmst, verpufft der Gedanke einfach.
Ein Gedanke allein hat kein Eigenlben!

Komm mit!

Schau dich an! Schau, wie viel du über sich selbst entdeckt hast!
1. Dein inneres Wissen ist jederzeit präsent!
2. Denken ist ein Geschenk, und wir haben die Wahl, welchen Gedanken wir nachgehen.
3. Einblicke helfen uns, uns selbst zu erkennen und unsere Welt zu verstehen.
4. Denken verstehen und Einsichten nutzen - so macht das Leben Spaß.
5. Dein Leitfaden hilft dir, zuversichtlich und optimistisch zu sein, was Lernen und Freundschaft angeht.
6. Du weißt, dass es sich lohnt, auf deinen eigenen gesunden Menschenverstand zu hören!

Kapitel 1-7 Praktische Erinnerungen

Kapitel 1: Lass uns dein inneres Wissen entdecken. Du wirst ein schöneres Leben haben! Dein inneres Wissen ist immer verfügbar. Schau, was passiert, wenn du es wahrnimmst. Du wirst deine eigenen Worte haben, um dein inneres Wissen zu entdecken. Es ist die natürliche innere Weisheit. Jeder Mensch hat einen gesunden Kern an natürlicher innerer Weisheit.

Kapitel 2: Entdecke deine Gabe des Denkens. Du wirst wissen, was du wählen musst! Du kannst einen nicht hilfreichen Gedanken wie eine heiße Kartoffel fallen lassen und nur auf die hilfreichen Gedanken reagieren. Es ist ganz natürlich, auf Gedanken zu reagieren, die glückliche und sichere Gefühle hervorrufen. Du hast diesen gesunden Menschenverstand schon oft benutzt, um weise Entscheidungen zu treffen.

Kapitel 3: Nimm eine neue Einsicht wahr. Du wirst die Möglichkeit haben, dich ruhig und fürsorglich zu fühlen. Deine Weisheit hilft dir, einen beunruhigenden Gedanken loszulassen. Beobachte, was passiert, wenn dir ein besserer Gedanke in den Sinn kommt. Wenn wir auf die Weisheit hören, geschieht Fürsorge und Teilen ganz natürlich.

Kapitel 4: Zu viel Denken kann dein inneres Wissen überdecken. Gefühle lassen uns wissen! Du kannst dir deiner Gefühle natürlich bewusst sein. Es ist leicht zu bemerken, wenn sich die Gefühle verändern. Lerne "Huli die Schale!", damit hilfreiche Gedanken Wohlbefinden erzeugen können.

Kapitel 5: Zu wissen, wann man "stoppen, warten, gehen" muss, macht einen großen Unterschied. Freunde nutzen ihr inneres Wissen, um gemeinsam Entscheidungen zu treffen. Freunde, die aus ruhigem Denken heraus handeln, zeigen Verständnis und Freundlichkeit. Freunde wissen, dass sie ihre Meinung ändern können.

Kapitel 6: Wisse, wer und was du bist. Du hast Wohlbefinden im Inneren. Vertraue dir, dass du Wohlbefinden im Inneren hast. Du kannst jederzeit Unterstützung annehmen und eine gesunde Entscheidung treffen! Du wirst dich wohlfühlen, wenn du deine eigenen Einsichten wahrnimmst.

Kapitel 7: Lerne deinen Geisteszustand zu erkennen. Erkenne ihn an dem Gefühl, in dem du dich befindest. Wenn du deine Aufmerksamkeit fokussierst, wirst du dir der Veränderungen in deinen Gefühlen bewusst. Das bedeutet, dass du ganz natürlich auf dein inneres Wissen hörst. Hilfreiche Einsichten verbessern deine Gefühle und ihre natürliche Motivation.

Du bist ein Wunder

Wir haben viele Geschichten in diesem Buch gelesen. Wir haben uns auf eine Lernreise begeben, "die unseren Verstand erweitert und uns über das hinaussehen lässt, was wir bereits wissen." (9)

Es macht Spaß, zu lernen!

Wenn wir uns dem Ende dieses Buches nähern, ist es hilfreich, sich daran zu erinnern, dass es "... eines der faszinierendsten und schönsten Dinge in diesem Leben ist, das mächtige Wissen zu erkennen, das in jedem Menschen steckt." (10)

Damit bist du gemeint! Damit bin ich gemeint!

Hier ist ein einfacher Rat für uns. "Dreh dich um, schau nach innen, und du wirst die Antwort finden." (11)

 **Eine Zugehörigkeitskarte erstellen…**
Verwende "ich." Teile deine Gedanken und Gefühle mit.
Zeige Einsicht und Verbindungen.

Halte inne und höre auf deinen gesunden Menschenverstand … manchmal suchst du Hilfe und manchmal bietest du Hilfe an. Erstelle eine "Zugehörigkeitskarte" mit dir selbst in der Mitte. Füge die Namen von Menschen in deiner Familie, Schule und Gemeinde hinzu, die dich unterstützen können. Teile deine Zugehörigkeitskarte mit einem Erwachsenen, z. B. einem Lehrer oder Elternteil. Kann der Erwachsene weitere Namen vorschlagen, die du hinzufügen möchtest?

Denke nach und schreibe einen Tagebucheintrag…
Verwende "ich". Teile deine Gedanken und Gefühle mit. Zeige Einsicht und Verbindungen!

"Es ist nie zu spät zu träumen, und wenn dein Herz und deine Gedanken rein sind, können deine Träume wahr werden." (12)

Schreibe über einen Traum, den du für dich selbst hast. Besprich diesen Traum mit einem Erwachsenen, z.B. deinem Lehrer oder deinen Eltern.

Erfinde eine eigene Metapher...
Notiz! Mach den Bild stark, mit echten Quälitaten, nutze den Raum gut, sei ordentlich.

Wähle mindestens zwei Wörter, die dich am besten beschreiben. Bitte auch einen Erwachsenen, ein Wort zu wählen, das dich beschreibt. Gestalte ein Bild, z. B. eine Eule, und füge die Wörter unten hinzu:

Mein inneres Wissen ist weise.
Ich bin auch_____, _____, und _____
Unter deinen Sätzen zeichne ein großes, helles und schönes Bild. Erschaffe etwas, das nur für dich steht. Teile dein Plakat mit der Gruppe. Stelle dein Kunstwerk aus, damit andere sich daran erfreuen können.
Benutze so viele Wörter, wie du möchtest. Einige könnten sein:

ausgeglichen	freundlich	liebevoll
großherzig	lebenslustig	aufgeschlossen
mutig	großzügig	geduldig
ruhig	dankbar	höflich
vorsichtig	glücklich	praktisch
fürsorglich	hilfsbereit	respektvoll
fröhlich	hoffnungsvoll	entspannt
selbstbewusst	humorvoll	sicher
kooperativ	phantasievoll	sensibel
kreativ	erfinderisch	scharfsinnig
neugierig	freundlich	dankbar
unbeschwert	unbeschwert	vertrauensvoll
energisch	liebenswert	nachdenklich
fair	lebendig	ANDERE?

 **Lass uns dein Wissen auffrischen!**
Wähle 2 oder 3 der unten stehenden Ideen, die für dich von Bedeutung sind, und diskutiere sie.

- Dein inneres Wissen ist immer verfügbar. 24-7-365.
- Sobald der wolkige Gedanke vorbeigezogen ist, "kommt an seiner Stelle ein schönerer Gedanke, nach dem du handelst." (4)
- Dein inneres Wissen ist mächtiges Wissen, auch Weisheit genannt. Es wächst mit dir.
- Es bringt dir Liebe und Mitgefühl. Es leitet dich zu den "Freuden des Lebens."
- Du hast die Gabe der Gedanken, die du nach Belieben einsetzen kannst. Stell dir das vor.
- Du kannst einen Gedanken fallen lassen wie eine heiße Kartoffel!
- Einsichten sind hilfreich, um uns selbst zu erkennen und unsere Welt zu verstehen.
- Geben und Nehmen bilden einen Kreis.
- Jedes Kind ist mit einer "Lichtschale" voll von Liebe und Weisheit geboren worden.
- ROTES Licht ... STOPP wenn du wütend bist!
  GELBES Licht ... Was mag das bedeuten?
  GRÜNES Licht ... GEH im Frieden weiter!
- Der Gedanke ist ein Geschenk, den du nach Belieben nutzen kannst. Handle nach den guten Gedanken, und du wirst nichts zu verlieren haben!
- Es ist leicht, gesunde Freundschaften zu schließen, wenn man sie willkommen heißt. Eine gesunde Freundschaft zu pflegen ist einfach, wenn man freundlich und nett ist.
- Was zählt, ist, wer und was du im Inneren bist.
- "Manchmal waren es nur ihre Gedanken, die sie unglücklich machten ..." (8)
- "Vergiss nie, eines der faszinierendsten und schönsten Dinge in diesem Leben ist es, das mächtige Wissen zu erkennen, das in jedem Menschen steckt." (10)

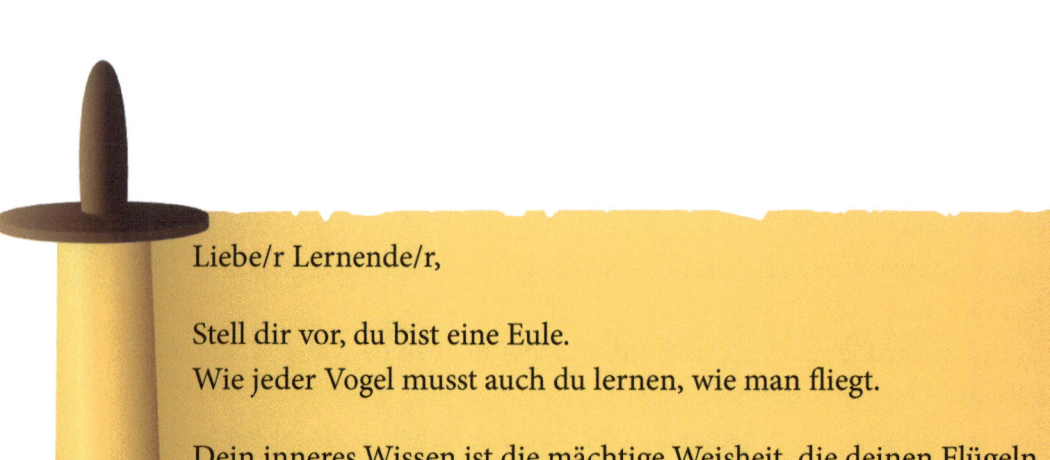

Liebe/r Lernende/r,

Stell dir vor, du bist eine Eule.
Wie jeder Vogel musst auch du lernen, wie man fliegt.

Dein inneres Wissen ist die mächtige Weisheit, die deinen Flügeln Kraft verleiht und dich in Richtung Himmel lenkt. Du fliegst mit Gefühlen der Freude, der Liebe und des Mitgefühls und steigst höher und höher, während dein Verständnis wächst.

Während du dein Leben lebst, sei dir bewusst, dass du ein Wunder bist. Sei glücklich und sicher, dass dein inneres Wissen immer da ist... 24 Stunden am Tag, 7 Tage die Woche, 365 Tage im Jahr; das heißt... jederzeit!

"Schau nach innen, und du wirst die Antwort finden." (11)

Kraftvolle Wörter, die dein Leben bereichern

A
aloha – love (Aloha ist ein hawaiianisches Wort)

B
bewusst – im Jetzt; sehen, was ist

D
Dankbarkeit – dankbar fühlen

E
Einsicht – Weisheit, neues Verständnis, hilfreiche neue Idee
einsichtvoll – weise, aufschlussreich
Entscheidung – eine Wahl
erkennen – sehen, verstehen
ernsthaft – seriös, streng

F
Freude – Glück

G
Gedanke – Kraft, eine Idee entstehen zu lassen
Geduldig – ruhig, entspannt
Gefühle – Sinn
Geist – innerlich
gesund – gut
Gesunder Menschenverstand – deine Kraft, weise, gute Entscheidungen zu treffen
glauben – als wahr akzeptieren

H
Huli – Schale umdrehen (Huli ist ein hawaiianisches Wort)

I
Illusion – eine Schöpfung in deinem Kopff
Inneres – innerhalb, in sich selbst

L
logisch – ist vernünftig

M
Mein inneres Wissen – gesunder Menschenverstand, Einsicht, Weisheit
Mitgefühl – Fürsorge
Mut – Kraft

N
negativ – nicht hilfreich oder nützlich

P
positiv – gut oder nützlich

Q
Quelle – wo etwas entsteht oder herkommt

R
respekt – als würdig ansehen
ruhig – still

S
sicher – gutfühlen, wohlfühlen, entspannt sein
Signal – Zeichen
Sorge – Unruhe, sich ängstlich fühlen
spirituelle Gabe – inneres Geschenk

T
Temperament – Gemütszustand

U
überschattet – verdeckt
unsicher – ungewiss

V
verstehen – wissen
verwirrt – nicht klar
Vision – Idee; ein Bild, das in den Sinn kommt
vorgetäuscht – getrickst

W
Weisheit – gesunder Menschenverstand, mein inneres Wissen, Einsicht
Wissen – Verständnis

Z
zittrig – ängstlich
zufrieden – glücklich
Zugehörigkeit – ein Teil sein von
zuversichtlich – positiv, selbstsicher

Abschluss für Mein inneres Wissen

Eine besondere Geschichte

Sydney Banks, dessen Einsicht in die Weisheit, die jedem Menschen innewohnt, das Herzstück von *My Guide Inside* ist, hat ein besonderes Buch für Jugendliche geschrieben: Leibe Liza (*Dear Liza*), über "ein armes, aber glückliches Waisenmädchen, das im 19. Jahrhunder in den Slums von London lebt. Durch die wertvollen Briefe, die ihre Mutter ihr hinterlassen hat, lernt Liza ein einzigartiges Verständnis vom Leben. Auf ihre besondere Art und Weise berührt ihre stille Weisheit die Herzen und das Leben aller, denen sie begegnet." (13)

Liebe Liza ist eine wunderbare Geschichte voller schöner Gefühle, die wir dir wärmstens empfehlen!

Dieses Buch ist eine der unten aufgeführten Quellen für unsere Zitate von Sydney Banks, die in Mein inneres Wissen zu finden sind.

Quellen für Zitate in *My Guide Inside*

Wenn ein Zitat in diesem Buch verwendet wird, folgt darauf die Nummer der Quelle (in Klammern). Zum Beispiel folgt auf das Zitat am Ende des ersten Absatzes auf dieser Seite die Nummer (13), die unten aufgeführt ist - "ebd" (ebenda) bedeutet, dass es aus demselben Buch stammt wie das vorherige, also ist (13) auch aus Dear Liza, das als (12) aufgeführt ist. "Sprecher" bedeutet, dass das Zitat aus einer aufgezeichneten Rede von Mr. Banks stammt. (Auch auf Deutsch: S. Banks, Liebe Liza)

1. Banks, S., (2003) Sprecher.
2. Banks, S., (2004) *Dear Liza*, 67.
3. ebd., 70.
4. Banks, S., (2003) Sprecher.
5. Banks, S., *Dear Liza*, 71.
6. Banks, S., (1998) *The Missing Link*, 47.
7. Banks, S., *Dear Liza*, 71.
8. ebd., 46.
9. ebd., 61.
10. ebd., 69.
11. Banks, S. (2007) Sprecher.
12. Banks, S., *Dear Liza*, 68.
13. ebd., Rückseite.

Mein inneres Wissen® (Lernbuch II)

Überblick über Mein inneres Wissen (Originaltitel: My Guide Inside®)
Umfassendes Lehrprogramm Kontakt: myguideinside.com

Mein inneres Wissen ist ein dreiteiliges, umfassendes, auf Geschichten basierendes Lehrprogramm für den primären und sekundären Bildungsbereich, das entwicklungsgerechte Themen in einem fortlaufenden Lernprozess während der gesamten Schullaufbahn abdeckt. Als Lehrer*in wählen Sie die Stufe von Mein inneres Wissen, die für Ihre Schüler*innen in Ihrem jeweiligen Schulsystem genau richtig ist: Buch I (4 - 8 Jahre), Buch II (9 - 13 Jahre) und Buch III (14 - 19 Jahre). Dies ermöglicht es Schulleiter*innen, einen kontinuierlichen Unterrichtsplan zu entwerfen, um den Schüler*innen die Drei Prinzipien durch die Klassenstufen zu vermitteln.

Mein inneres Wissen Lernbuch II bietet Geschichten und Aktivitäten für den Erfolg: Ideale Teilnahmestufe: Alter 9-13
Lese-Niveau: "leicht zu lesen"
Flexibilität: regulärer Kurs oder Anpassung bzw. Modifizierung an einzelne Lernende
Einsatzbereich: Klassenzimmer, Kleingruppe oder Einzelperson
Konzeption: schließt selbstständig arbeitende Lernende ein
Idealer Zeitpunkt: zu Beginn eines Programms oder eines Schuljahres, um eine Gemeinschaft aufzubauen und Optimismus zu fördern

Zielsetzung von Lernbuch II: Die in diesem Lernbuch besprochenen Prinzipien wirken in allen Menschen, auch in Kindern. Dieser Lehrplan ebnet den Weg zu Ganzheitlichkeit, Glück, Kreativität und Wohlbefinden in allen Bereichen des Lebens:

Daher hat MiW diese beiden global angemessenen akademischen Ziele: (1) Persönliches Wohlbefinden mit einem Verständnis dieser Prinzipien zu verbessern, und (2) Kompetenzen in Kommunikation, Denken und persönlicher und sozialer Verantwortung zu entwickeln. MiW erreicht beide Ziele durch den Einsatz von Geschichten, Diskussionen und verschiedenen schriftlichen und kreativen Aktivitäten, wobei das Lernen die Kompetenz Ihrer SchülerInnen in der deutschen Sprache und verschiedenen anderen Bereichen erhöht.

Die Entdeckung ihres inneren Wissens ist der Schlüssel zum Lernen, und es verbessert die Fähigkeit der Kinder, Entscheidungen zu treffen, sich im Leben zurechtzufinden und gesunde Beziehungen aufzubauen. Der Zugang zu dieser natürlichen Weisheit beeinflusst das Wohlergehen, das geistige Wohlbefinden, die persönliche und soziale Verantwortung und eine positive persönliche und kulturelle Identität. Sozial-emotionales Lernen, einschließlich Selbstbestimmung, Selbstregulierung und Selbstwirksamkeit, ist ebenfalls ein natürliches Ergebnis von größerem Gewahrsein. Dieses Verständnis maximiert das persönliche Wohlbefinden und verbessert das Schulklima, das Verhalten der Lernenden und die kognitiven Leistungen.

Lernen, Leben, Teilen: Das Gefühl, das ein*e MiW Lehrer*in jeden Tag in das Klassenzimmer mitbringt, der "essentielle Lehrplan", ist die größte Ressource, um direkt auf die Schüler*innen einzuwirken. Mit anderen Worten, das Lernen ermöglicht es der Lehrkraft, die Prinzipien zu leben, indem sie in einem natürlichen Zustand des Dienens ist, und somit in der Lage, Mitgefühl, Verständnis und Freude im Klassenzimmer zu teilen. Sobald eine Lehrerkraft so informell und natürlich ist, wird sie die Prinzipien durch ein positives Gefühl vermitteln. Dies wird jede formale Unterrichtsstunde, die sie mit den Schüler*innen teilt, verbessern und kraftvoller machen. Das eigene tiefe Verständnis und die Erfahrung der Lehrkraft mit diesen Prinzipien wird das Beste in allen Schüler*innen zum Vorschein bringen. Indem jede*r Lehrer*in die Prinzipien kontinuierlich lernt und lebt, wird die Weitergabe dieses Verständnisses an die Schüler*innen höchst effektiv. Das Handbuch für Lehrer*innen für jedes Buch enthält Unterrichtspläne, Vor- und Nachbeurteilungen, Aktivitäten, Bewertungsskalen und weiterführende Materialien. Mit universellen Prinzipien ist dieser Lehrplan für den weltweiten Einsatz mit allen Lernenden konzipiert. Die Lehrplanrichtlinien aus Kanada, dem Vereinigten Königreich und den Vereinigten Staaten leiten dieses Werk. Alle Bücher sind erhältlich bei myguideinside.com.

My Guide Inside® Pre-K–12 Umfassendes Lehrprogramm

Campsall, C. with Marshall Emerson, K. (2018). *My Guide Inside, Learner Book I*.
Campsall, C. with Marshall Emerson, K. (2018). *My Guide Inside, Teacher's Manual, Book I*.
Campsall, C., Tucker, J. (2016). *My Guide Inside, Learner Book II*.
Campsall, C. with Marshall Emerson, K. (2016). *My Guide Inside, Teacher's Manual, Book II*.
Campsall, C. with Marshall Emerson, K. (2017). *My Guide Inside, Learner Book III*.
Campsall, C. with Marshall Emerson, K. (2017). *My Guide Inside, Teacher's Manual, Book III*.
(Alle auch auf Deutsch: *Mein inneres Wissen*)

Ergänzendes Bilderbuch für Kinder
Campsall, C., Tucker, J. (2018). *Whooo ... has a Guide Inside?*

Über die Autorinnen

Christa Campsall ist eine Pionierin bei der Umsetzung der Drei Prinzipien in der schulischen Bildung. Seit 1975 ist dies die Grundlage ihrer Arbeit als Klassenlehrerin, Sonderschullehrerin und Vorsitzende eines Schulteams. Christa wurde von Sydney Banks angeleitet und erhielt von ihm die Zertifizierung zum Unterrichten der Drei Prinzipien. Sie hat einen BEd und DiplSpEd von der Universität von British Columbia und einen MA von der Royal Roads Universität.

Jane Tucker hörte Sydney Banks 1976 zum ersten Mal sprechen, und das von ihm vermittelte Wissen bildete die Grundlage für ihre langjährige Arbeit mit Kindern und Jugendlichen als Sonderlehrerin, Nachhilfelehrerin und Koordinatorin für Jugendbildung. Bis zu seinem Tod stand sie in engem Kontakt mit Sydney Banks und erhielt von ihm die Zertifizierung zum Unterrichten der Drei Prinzipien. Jane hat einen BA-Abschluss in Englisch vom Hood College.

Was Lehrer über My Guide Inside® sagen (deutscher Titel: Mein inneres Wissen)

"Diese authentischen Geschichten sind einfach, aber tiefgründig und haben die Fähigkeit, Schüler*Innen zu ihrem inneren Wissen zu führen."
Barb Aust, BEd, MEd, Schulleiterin, Bildungsberaterin und Autorin,
Salt Spring Island, BC, CA

"Als Schulleiter (Rektor) seit über dreißig Jahren habe ich oft aus erster Hand die rastlosen Kämpfe miterlebt, die viele Kinder und Jugendliche erleben, während sie lernen, sich in ihrer eigenen Haut wohlzufühlen. Christas geradliniges, einfaches, aber tiefgründiges Lehrprogramm hilft Lehrern, die Jugend in eine andere Richtung zu lenken, zu unserem inneren Wissen, zu unserer Essenz, zu unserer Weisheit. Ich würde dieses Wissen den Lehrern als eine kraftvolle Quelle der Unterstützung empfehlen. Es hilft uns allen, uns daran zu erinnern, wer wir wirklich sind ... reine Liebe."
Peter Anderson, Cert. Edn. Adv. Diplom (Cambridge)
Drei-Prinzipien-Moderator, Berater für Schulleiter, Essex, UK

"Seit über zwölf Jahren bin ich Lehrerin an innerstädtischen Schulen in Baltimore, Miami und der Bronx. Indem ich das einfache Verständnis vermittle, dass Schüler*innen in der Lage sind zu entscheiden, wie sie das Leben durch ihre Wahl von Gedanken erleben wollen, habe ich gesehen, wie aggressive Schüler*innen zu Friedensstifter*innen wurden; wie schüchterne, unsichere Kinder zu selbstbewussten Führungspersönlichkeiten wurden; und wie das Niveau des Bewusstseins und der Empathie in einer ganzen Schule angehoben wurde. Ich bin begeistert, dass dieses Lehrprogramm von so vielen gesehen und erlebt werden wird! Dieses Verständnis hat die Kraft, die Bildung und die Schulerfahrung auf globaler Ebene zu verändern!"
Christina G Puccio, BEd, MEd Mentorin Lehrerin/Coach,
PS 536, Bronx, N.Y. US

www.ingramcontent.com/pod-product-compliance
Lightning Source LLC
Chambersburg PA
CBHW042025150426
43198CB00002B/72